INSTANT
Italian
Vocabulary Builder

Also by Tom Means:

INSTANT French Vocabulary Builder
INSTANT Spanish Vocabulary Builder

INSTANT
Italian
Vocabulary Builder

TOM MEANS

HIPPOCRENE BOOKS, INC.
NEW YORK

ISBN: 0-7818-0980-0

Book and jacket design by Acme Klong Design, Inc.

For information, address:
Hippocrene Books, Inc.
171 Madison Avenue
New York, NY 10016

Cataloging-in-Publication data available from the Library of Congress.

CONTENTS

*excluding words ending in "–ical," which is a separate Chapter
**excluding words ending in "–ment," which is a separate Chapter

ACKNOWLEDGMENTS

I would like to give special thanks to Paul D'Agostino, whose research helped turn an exciting idea into a book.

Thanks also to Luana Prestanzio, Alberto Bianchi, Bill Mockler, and Todd Marvel. Many thanks to David Marsh, Ilaria Marra, Giulia Lombardo, Louise Hipwell and Paolo Pucci. Thanks to my editor, Anne Kemper, for her steady and enthusiastic guidance, and also to my former editor, Caroline Gates.

Finally, thanks to all of the foreign language teachers who have clearly demonstrated many of these patterns in the past, especially Margarita Madrigal and Michel Thomas.

I would like to dedicate this series to my Italian grandparents, Vera D'amico and the late Giovanni D'amico.

INTRODUCTION

Instant Italian Vocabulary Builder can add thousands of words to your Italian vocabulary. It is designed to be a supplement for students of Italian at all levels. This book will help a student to learn to communicate effectively by dramatically increasing his/her Italian vocabulary.

There are thousands of English words that are connected to their Italian counterparts by word-ending patterns. This guide will illustrate those patterns and demonstrate how easily they work. The simple reason is that most of Italian and much of English is derived from Latin. This means that the two languages share a large number of root words, which makes vocabulary building much easier.

Vocabulary building is one of the keys for successful language learning. This book presents vocabulary patterns between English and Italian in such a systematic fashion that expanding your vocabulary will be easy and enjoyable. I believe it is the only one of its kind.

Instant Italian Vocabulary Builder is very easy to use. The 24 chapters presented in this book are based on word-endings (suffixes) and the chapters are listed alphabetically. For example, the first chapter presents English words that end in "–al" (capital, normal, etc.) Many of these words correspond to "–ale" in Italian (*capitale*, *normale*, etc.)

The second chapter presents English words that end in "–ance" (alliance, importance, etc.) Many of these words correspond to "–anza" in Italian (*alleanza*, *importanza*, etc.) In most cases, you only need to slightly change the ending of the English word to arrive at the correct Italian word. These words are commonly referred to as cognates: words related by common derivation or descent.

AUDIO ACCOMPANIMENT: This book comes with an enclosed compact disc. Every chapter contains many recorded words that typify how words under that pattern are pronounced—all words **in bold** are on the recording. After each Italian word there will be a pause—it is important for the reader to imitate the speaker during that pause.

Every chapter also contains common phrases and expressions that are recorded on the audio accompaniment. After every recorded expression there will be a pause for the reader to imitate the native speaker. All expressions **in bold** are on the recording.

In the exercise section of each chapter there are stories for the student to read and listen to with questions that follow. These stories are **in bold** and are also on the recording. They are read by a native speaker at standard speed. Readers are not expected to understand every word of each story, but it is important for language learners to hear new vocabulary words used in an authentic context by a native speaker.

EXERCISES: At the end of every chapter, there are exercises for the reader to do. The first exercise is a matching exercise that reinforces the new words learned in the chapter. The second exercise is a story followed by questions. Every chapter contains a short story about Gianni and Francesca, two young Italians traveling through Italy.

ANSWER KEY: Answers for the exercises are available in the Answer Key section.

"FALSE FRIENDS": Sometimes the English word and the
Italian word will look alike and sound alike, but have different meanings.
These are often referred to as "false friends" or "false cognates." When this
is the case, a more appropriate definition will be provided alongside the
translation. One such example can be seen with the English word "journal."

ENGLISH . . . . ITALIAN
journal . . . . giornale *(meaning "newspaper")*

In some rare cases, the English word and the Italian word possess such
different meanings that the pair was not included in this book. For example, the meaning of the English word "dent" has no relation to the meaning
of the Italian word *dente* (tooth). In other rare cases, overly technical words
were not included in this book.

DEVIATIONS IN SPELLING: Precise spelling of the
Italian words may differ from the English words in more ways than just the
endings. If you are interested in spelling the word correctly, please pay close
attention to the Italian column. For example,

ENGLISH . . . . ITALIAN
abundant . . . . abbondante

PRONUNCIATION GUIDE: *All bolded words in this brief pronunciation guide are recorded on the accompanying CD,* **track 25**.

Traditionally, the Italian language has 21 letters (j, k,w, x, y are not included) and it is very easy to pronounce. First we'll quickly review the vowel sounds:

Italian vowel	Approximate English sound	Example
A	ah	**(arrivare, andare)**
E	eh	**(volere, dovere)**
I	ee	**(oggi, domani)**
O	oh	**(voglio, posso)**
U	ooh	**(vuole, frutta)**

There are eight pairings that produce distinct sounds that we will go over next:

"che" always sounds like the English letter "K": ***banche*** (banks), ***che*** (what)
"chi" always sounds like the English word "key": ***chi*** (who), ***dischi*** (discs)

"gn" = the "ny" sound in "ca<u>ny</u>on": ***ogni*** (every), ***montagna*** (mountain)
"gli" = in the middle of a word, a sound similar to the "ll" sound in
   "sta<u>ll</u>ion": ***bagaglio*** (baggage), or by itself, a sound similar to "yee":
   gli amici (the friends)

"ce" = usually a hard sound like "<u>ch</u>est": ***cena*** (dinner), ***pace*** (peace)
"ci" = usually a hard sound like "<u>ch</u>eetah": ***amici*** (friends), ***cinema*** (movie
   theater)
The last two pairings ("ce" and "ci") are "hard" sounds, and they will remain hard throughout the Italian language, unless they are preceded by the letter "s".

"sce" = a soft sound similar to "sh": **pesce** (fish), **scelta** (choice)
"sci" = a soft sound like "she": **uscita** (exit), **sciare** (to ski)

Lastly, the letter "h" is silent in Italian: **hanno** (they have).

IMPORTANT NOTE ON GENDER: Unless otherwise noted in the chapter introduction, all nouns and adjectives listed in this book are in the singular, masculine form. All nouns are listed without the article that typically accompanies them.

WORKS CONSULTED

I Dizionari Sansoni, Inglese-Italian Italian-Inglese. Florence, Italy: Sansoni Editore, 1990.

Lo Zingarelli 2001, Vocabolario Della Lingua Italiana. Bologna, Italy: Zanichelli, 2001.

Merriam-Webster's Collegiate Dictionary, Tenth Edition. Springfield, MA: Merriam-Webster, 2000.

Browne, Virginia; Mendes, Elena; Natali, Gabrielle. *More and More False Friends and Bugbears*. Bologna: Zanichelli Editore, 1995.

Ferguson, Ronnie. *Italian False Friends*. Toronto: University of Toronto Press, 1994.

Thomas, Michel. *Italian with Michel Thomas*. Chicago: NTC Publishing Group, 2000.

A NOTE FROM THE AUTHOR

When I first started studying a foreign language (Italian in high school), my uncle told me that most English words that end in "–tion" stay the same in Italian, but their ending changes to "–zione." I ran back to class the next day showing off my knowledge of how to talk about where to find the "*stazione*," or about a new word's "*definizione*." Clearly my uncle's tip made quite a "*contribuzione!*"

I know that the vocabulary bridge I was shown on that day tipped off an enthusiasm for learning and using languages that I have never lost.

In this book I have collected the 24 most common and applicable vocabulary bridges that exist between English and Italian. I have done this in the hope that readers find the same immediate application that I did early in my language studies. I hope you find them useful.

A NOTE TO THE USER

The focus of this book is on vocabulary development. However, as with all effective language materials, the vocabulary has been set in an authentic cultural context with realistic characters and stories to encourage immediate applicability in real-life situations.

The exercises are suitable for individual and group work. Teachers will find that the 24 chapters easily can be incorporated into a one-year curriculum.

-al /-ale

English words ending in "–al" generally correspond to "–ale" in Italian (excluding words ending in "–ical," which is a separate pattern).

Italian words ending in "–ale" are usually adjectives. For example,

a <u>general</u> idea = un'*idea <u>generale</u>*

ENGLISH . . . . ITALIAN

All words and phrases in bold are on **Track 1** *of the accompanying CD.*

abdominal . . . . addominale
abnormal . . . . anormale
accidental. . . . . accidentale *(meaning "due to fate")*
actual . . . . attuale *(meaning "current" or "present")*
additional. . . . . addizionale
adverbial . . . . avverbiale
amoral. . . . . amorale
ancestral . . . . ancestrale
animal . . . . **animale**
   "It's an animal!" . . . . - **È un animale!** -
annual . . . . annuale
antisocial . . . . antisociale
arsenal. . . . . arsenale
artificial . . . . artificiale
asexual . . . . asessuale
asocial. . . . . asociale
autumnal . . . . autunnale

banal. . . . . banale
baptismal . . . . battesimale

bestial . . . . bestiale
biennial . . . . biennale
bifocal . . . . bifocale
binomial . . . . binomiale
bisexual . . . . bisessuale
bronchial . . . . bronchiale
brutal . . . . **brutale**
    "It's a brutal reaction." . . . . . . - **È una reazione brutale.** -

canal . . . . canale *(also used for "TV channel")*
cannibal . . . . cannibale
capital . . . . **capitale** *(for finance use "il capitale";*
                                 for geography use "la capitale")
cardinal . . . . cardinale
carnal . . . . carnale
carnival . . . . carnevale *(also used for period of*
                                 "Mardi Gras")
carpal . . . . carpale
casual . . . . casuale *(meaning "by chance" or*
                                 "accidental")
cathedral . . . . cattedrale
causal . . . . causale
celestial . . . . celestiale
centennial . . . . centennale
central . . . . **centrale**
cereal . . . . cereale
cerebral . . . . cerebrale
ceremonial . . . . cerimoniale
choral . . . . corale
circumstantial . . . . circostanziale
collateral . . . . collaterale
colloquial . . . . colloquiale
colonial . . . . coloniale
colossal . . . . colossale
commercial . . . . commerciale *(only an adjective,*
                                 noun is "pubblicità")

communal . . . . comunale

compartmental . . . . compartimentale

conceptual . . . . concettuale

conditional . . . . condizionale

confessional . . . . confessionale

confidential . . . . confidenziale *(also meaning "friendly"*
or "familiar")

conflictual . . . . conflittuale

congenial . . . . congeniale

consequential . . . . consequenziale

constitutional . . . . costituzionale

contextual . . . . contestuale

continental . . . . **continentale**

contractual . . . . contrattuale

conventional . . . . convenzionale

conversational . . . . conversazionale

convivial . . . . conviviale

cordial . . . . cordiale

corporal . . . . corporale

correctional . . . . correzionale

cranial . . . . craniale

credential . . . . credenziale

criminal . . . . criminale

crucial . . . . **cruciale**

   "It's a crucial day." . . . . **- È una giornata cruciale. -**

cultural . . . . culturale

decimal . . . . decimale

dental . . . . dentale

departmental . . . . dipartimentale

diagonal . . . . **diagonale**

differential . . . . differenziale

digital . . . . digitale

dimensional . . . . dimensionale

directorial . . . . direttoriale

doctoral . . . . dottorale *(more commonly "di dottorato")*

doctrinal . . . . dottrinale
dorsal . . . . dorsale
ducal . . . . ducale
dysfunctional. . . . . disfunzionale

editorial . . . . editoriale
electoral . . . . elettorale
elemental . . . . elementale
episcopal . . . . episcopale
equal . . . . **uguale**
equatorial. . . . . equatoriale
essential. . . . . essenziale
eternal . . . . eternale *(more commonly "eterno")*
eventual . . . . eventuale *(meaning "possible")*
exceptional. . . . . eccezionale
existential . . . . esistenziale
experiential. . . . . esperienziale
experimental. . . . . sperimentale
exponential. . . . . esponenziale

facial . . . . facciale
factual . . . . fattuale
fatal . . . . fatale *(also used for "inevitable,"*
"destined")
federal . . . . federale
fetal . . . . fetale
feudal . . . . feudale
final. . . . . **finale**
    "His/Her decision is final." . . . . **- La sua decisione è finale. -**
fiscal . . . . fiscale
floral . . . . floreale
focal . . . . focale
formal . . . . formale
frontal . . . . frontale
frugal. . . . . frugale
functional . . . . funzionale

fundamental . . . . **fondamentale**
funeral . . . . funerale

gastrointestinal . . . . gastrointestinale
general . . . . **generale**
generational . . . . generazionale
genial . . . . geniale *(meaning "brilliant")*
glacial . . . . glaciale
global . . . . globale
gradual . . . . graduale
gravitational . . . . gravitazionale
guttural. . . . . gutturale

habitual . . . . abituale
heterosexual . . . . eterosessuale
homicidal . . . . micidiale *(also used for "deadly")*
homosexual . . . . omosessuale
horizontal. . . . . orizzontale
hormonal . . . . ormonale
hospital . . . . **ospedale**

ideal . . . . **ideale**
illegal. . . . . **illegale**
immaterial . . . . immateriale
immoral . . . . immorale
immortal. . . . . immortale
impartial. . . . . imparziale
imperial . . . . imperiale
impersonal . . . . impersonale
inaugural . . . . inaugurale
incidental . . . . incidentale
incremental. . . . . incrementale
individual . . . . individuale *(adjective only; noun is "individuo")*
industrial . . . . industriale
infernal . . . . infernale

informal . . . . informale
infrastructural . . . . infrastrutturale
initial . . . . **iniziale**
institutional . . . . istituzionale
instrumental . . . . strumentale
integral . . . . integrale
intellectual . . . . intellettuale
intentional. . . . . intenzionale
international . . . . **internazionale**
   "The company is international." . . - **La società è internazionale.** -
intercontinental . . . . intercontinentale
interpersonal. . . . . interpersonale
interracial. . . . . interraziale
intestinal. . . . . intestinale
irrational . . . . irrazionale

journal. . . . . giornale *(meaning "newspaper")*
jovial . . . . gioviale
judicial. . . . . giudiziale

lateral . . . . laterale
legal . . . . **legale**
lethal . . . . letale
liberal . . . . liberale
literal . . . . letterale
local . . . . locale *(also used for "room" or "shop")*
longitudinal. . . . . longitudinale
loyal . . . . leale

managerial. . . . . manageriale
maniacal . . . . maniacale
manual. . . . . manuale
marginal. . . . . marginale
marital . . . . maritale
martial . . . . marziale
material . . . . materiale

matrimonial . . . . matrimoniale

medicinal . . . . medicinale

medieval . . . . medievale

memorial . . . . memoriale *(only a noun)*

menstrual . . . . mestruale

mental . . . . **mentale**

    "It's a mental problem." . . . . . - **È un problema mentale.** -

meridional . . . . meridionale *(meaning "Southern")*

mineral. . . . . minerale

minimal . . . . minimale *(more commonly "minimo")*

modal . . . . modale

monumental . . . . monumentale

moral . . . . morale

mortal . . . . mortale

motivational . . . . motivazionale

multicultural . . . . multiculturale

multifunctional. . . . . multifunzionale

multinational . . . . multinazionale

municipal . . . . municipale

mural . . . . murale

nasal . . . . nasale

natal . . . . natale

national . . . . **nazionale**

natural . . . . naturale

naval . . . . navale

neutral . . . . neutrale

nominal . . . . nominale

normal . . . . normale

numeral . . . . numerale

nuptial . . . . nuziale

nutritional . . . . nutrizionale

occasional . . . . occasionale *(also used for "by chance," "fortuitous")*

occidental. . . . . occidentale *(meaning "Western")*

occupational	occupazionale
octagonal	ottagonale
official	ufficiale
opal	opale
operational	operazionale
optional	opzionale
oral	orale
ordinal	ordinale
oriental	orientale *(meaning "Eastern")*
original	**originale**
"It's an original work."	- **È un'opera originale.** -
ornamental	ornamentale
oval	ovale

papal	papale
paranormal	paranormale
parental	parentale *(meaning "relating to a relative"*
parochial	parrocchiale
partial	parziale
pastoral	pastorale
patriarchal	patriarcale
patrimonial	patrimoniale
pectoral	pettorale
pedal	pedale
penal	penale
perpetual	perpetuale *(more commonly "perpetuo")*
personal	personale
phenomenal	fenomenale
plural	plurale
portal	portale
positional	posizionale
postal	postale
postnatal	postnatale
potential	potenziale
preferential	preferenziale
prepositional	preposizionale

presidential. . . . . presidenziale

primordial . . . . primordiale

principal. . . . . **principale**

procedural . . . . procedurale

processional . . . . processionale

professional . . . . professionale *(only an adjective, noun*
is "professionista")

professorial. . . . . professorale

promotional . . . . promozionale

proportional . . . . proporzionale

propositional. . . . . proposizionale

proverbial. . . . . proverbiale

provincial . . . . provinciale

punctual . . . . puntuale

quintessential . . . . quintessenziale

racial. . . . . razziale

radial. . . . . radiale

radical . . . . radicale

rational . . . . razionale

real . . . . reale

referential. . . . . referenziale

regal . . . . regale

regional . . . . **regionale**

"It's a regional situation.". . . . . **- La situazione è regionale. -**

relational . . . . relazionale

residential. . . . . residenziale

residual . . . . residuale

reverential . . . . reverenziale

ritual . . . . rituale

rival. . . . . rivale

rural. . . . . rurale

sacramental . . . . sacramentale

sacrificial . . . . sacrificale

sculptural . . . . sculturale
sectional. . . . . sezionale
semifinal. . . . . semifinale
seminal . . . . seminale
senatorial . . . . senatoriale
sensational . . . . sensazionale
sensual. . . . . sensuale
sentimental . . . . sentimentale
sequential. . . . . sequenziale
serial . . . . seriale
sexual . . . . sessuale
signal. . . . . segnale
social . . . . **sociale**
sociocultural . . . . socioculturale
spatial . . . . spaziale
special . . . . **speciale**
spinal . . . . spinale
spiral . . . . spirale
spiritual . . . . spirituale
structural. . . . . strutturale
subliminal. . . . . subliminale
substantial . . . . sostanziale
subtotal . . . . subtotale
superficial. . . . . superficiale
surreal . . . . surreale

tangential. . . . . tangenziale
temporal. . . . . temporale
terminal . . . . terminale
territorial . . . . territoriale
textual . . . . testuale
theatrical . . . . teatrale
thermal. . . . . termale *(only used for water, springs)*
tonal . . . . tonale
torrential. . . . . torrenziale

total . . . . **totale**

    "How much is the total?" . . . . **- Quant'è il totale? -**

traditional . . . . tradizionale

transcendental . . . . trascendentale

transcontinental . . . . transcontinentale

tribal . . . . tribale

tribunal . . . . tribunale *(meaning "courthouse")*

triumphal . . . . trionfale

trivial . . . . triviale

tropical . . . . **tropicale**

unequal . . . . ineguale

unilateral . . . . unilaterale

universal . . . . universale

unusual . . . . inusuale

urinal . . . . orinale

usual . . . . usuale

vegetal . . . . vegetale

venal . . . . venale

verbal . . . . verbale

vertical . . . . verticale

viral . . . . virale

virtual . . . . virtuale

visceral . . . . viscerale

visual . . . . visuale *(also used for "view")*

vital . . . . vitale

vocal . . . . vocale *(also a noun, "vowel")*

vocational . . . . vocazionale

1A.

Match associated words and/or synonyms.
Unite fra loro le parole di significato corrispondente e/o i sinonimi.

1. animale	ultimo
2. ideale	patria
3. legale	base
4. originale	gatto
5. nazionale	avvocato
6. fondamentale	perfetto
7. finale	genuino

1B.

Listen to and read the story and answer the following questions.
Leggere e ascoltare il racconto. Rispondere alle seguenti domande.

(This chapter presents the first story of the travels of Francesca and Gianni. Every chapter will feature a new story about these two young Italians traveling through Italy. Please listen to and read each story carefully before answering the questions that follow.)

Gianni e Francesca sono due teenager di Milano che vogliono fare un viaggio (take a trip). **C'è un problema—Gianni vuole fare un viaggio <u>internazionale</u> e Francesca vuole fare un viaggio <u>nazionale</u>. Gianni dice: - Ma Francesca, la tua idea non è <u>originale</u>. - Francesca risponde: - Dai Gianni, non adesso** (not now)**! - Alla fine, Francesca vince; Gianni decide che non è <u>essenziale</u> fare un viaggio <u>internazionale</u> adesso. Francesca ha qualche idea <u>generale</u> per il loro itinerario. Gianni dice: - Non voglio visitare tuo zio** (your uncle) **a Bari... lui è troppo <u>formale</u>! - Francesca risponde: - Vediamo...** (we'll see...)**. -**

1. Di dove sono Francesca e Gianni?

2. Che tipo di viaggio vuole fare Gianni?

3. Che tipo di viaggio vuole fare Francesca?

4. Che cosa dice Gianni dell'idea di Francesca?

5. Secondo Gianni (according to Gianni), com'è lo zio di Francesca?

-ance/-anza

Many English words ending in "–ance" correspond to "–anza" in Italian.

Italian words ending in "–anza" are usually feminine nouns. For example,

distance = *la distanza*

ENGLISH . . . . ITALIAN

*All words and phrases in bold are on **Track 2** of the accompanying CD.*

abundance . . . . abbondanza
accordance . . . . accordanza
alliance . . . . alleanza
ambulance . . . . **ambulanza**
arrogance . . . . **arroganza**
  "What arrogance!" . . . . - **Che arroganza!** -

brilliance . . . . brillanza *(only used for physics)*

circumstance . . . . circostanza
concordance . . . . concordanza

dance . . . . danza
discordance . . . . discordanza
dissonance . . . . dissonanza
distance . . . . **distanza**
dominance . . . . dominanza

elegance . . . . **eleganza**
  "What elegance!" . . . . - **Che eleganza!** -
extravagance . . . . stravaganza
exuberance . . . . esuberanza

finance . . . . finanza
fragrance . . . . fragranza
flagrance . . . . flagranza

ignorance . . . . ignoranza
importance . . . . **importanza**
insignificance . . . . insignificanza
intemperance . . . . intemperanza
intolerance . . . . **intolleranza**
irrelevance . . . . irrilevanza

nonchalance . . . . noncuranza

observance . . . . osservanza
ordinance . . . . ordinanza

perseverance . . . . **perseveranza**
petulance . . . . petulanza
predominance . . . . predominanza
preponderance . . . . preponderanza
protuberance . . . . protuberanza

radiance . . . . radianza *(only used in a scientific context)*
redundance . . . . ridondanza
relevance . . . . rilevanza
reluctance . . . . riluttanza
remembrance . . . . rimembranza
repugnance . . . . ripugnanza
resonance . . . . risonanza
romance . . . . romanza *(meaning a genre of
literature and of music)*

semblance . . . . sembianza
substance . . . . **sostanza**
surveillance . . . . sorveglianza

INSTANT Italian Vocabulary Builder

temperance. . . . . temperanza
tolerance . . . . **tolleranza**
   "He doesn't have   **- Lui non ha**
     much tolerance." . . . . **molta tolleranza. -**

variance. . . . . varianza
vigilance . . . . vigilanza

2A.

Unite fra loro le parole di significato corrispondente e/o i sinonimi.

1. fragranza	ballare
2. ignoranza	ospedale
3. distanza	soldi
4. danza	profumo
5. finanza	paziente
6. tolleranza	maleducazione
7. ambulanza	lontano

2B.

Leggere e ascoltare il racconto. Rispondere alle seguenti domande.

Per organizzare il loro viaggio, Gianni e Francesca parlano di molte cose (discuss many things). **Per esempio, Gianni parla dell'<u>importanza</u> di non spendere molto. Sa che c'è molta <u>distanza</u> da coprire, e che la <u>perseveranza</u> sarà** (will be) **necessaria. Anche Francesca comprende l'<u>importanza</u> di non spendere troppi soldi durante il viaggio. Lei ha solamente una richiesta** (one request)**: vuole vedere una <u>danza</u> eseguita a livello professionale a Napoli. Gianni dice: - Vediamo.... -**

1. Gianni parla dell'importanza di che cosa?

2. Che cosa sa Gianni?

3. Che cosa sarà necessario?

4. Cosa vuole vedere Francesca?

5. Come risponde Gianni alla richiesta di Francesca?

Chapter 3

English words ending in "–ant" generally correspond to "–ante" in Italian.

Italian words ending in "–ante" are usually adjectives or nouns. For example,

> elegant (adj.) = *elegante*
> restaurant (n.) = *un ristorante*

ENGLISH . . . . ITALIAN	
aberrant	aberrante
abundant	**abbondante**
antioxidant	antiossidante
arrogant	**arrogante**
"She is very arrogant."	**- Lei è molto arrogante. -**
assailant	assillante
brilliant	brillante
colorant	colorante
commandant	comandante
communicant	comunicante
concordant	concordante
consonant	consonante
constant	**costante** *(also used for "consistent")*
contaminant	contaminante
debutant	debuttante
decongestant	decongestionante
deodorant	**deodorante**
"I need deodorant."	**- Ho bisogno di deodorante. -**
determinant	determinante

All words and phrases in bold are on **Track 3** *of the accompanying CD.*

deviant	deviante
dilettante	dilettante
discordant	discordante
disinfectant	disinfettante
dissonant	dissonante
distant	distante
dominant	dominante

elegant	**elegante**
elephant	**elefante**
emigrant	emigrante
entrant	entrante
errant	errante
exorbitant	esorbitante
expectorant	espettorante
extravagant	stravagante *(also used for "odd")*
exuberant	esuberante
exultant	esultante

flagrant	flagrante
fragrant	fragrante

gallant	galante
giant	gigante

hesitant	esitante
hydrant	idrante

ignorant	**ignorante**
immigrant	**immigrante**
important	**importante**
incessant	incessante
inconstant	incostante
infant	infante
informant	informante
inhabitant	abitante

inobservant.	inosservante
insignificant	insignificante
instant	**istante**
"In this instant!"	**- In questo istante! -**
intolerant	intollerante
irrelevant	irrilevante
jubilant.	giubilante
lubricant	lubrificante
merchant	mercante
migrant	migrante
militant.	militante
mutant	mutante
observant	osservante *(meaning "practicing a religion")*
occupant	**occupante**
oxidant.	ossidante
participant	**partecipante**
pedant	pedante
petulant	petulante
piquant	piccante
predominant	predominante
preponderant	preponderante
Protestant	protestante
radiant.	raggiante
recalcitrant	recalcitrante
redundant.	ridondante
refrigerant	refrigerante
relaxant	rilassante
relevant	rilevante
reluctant	riluttante

repugnant. . . . . ripugnante

resonant. . . . . risonante

restaurant. . . . . **ristorante**

resonant. . . . . risonante

significant. . . . . significante *(more commonly*
"significativo")

stagnant . . . . stagnante

stimulant . . . . **stimolante** *(also used for "stimulating")*

tolerant. . . . . tollerante

triumphant . . . . **trionfante**

　　　"His voice was triumphant!" . . . **- La sua voce era trionfante! -**

vacant . . . . vacante

variant . . . . variante

verdant. . . . . verdeggiante

vibrant . . . . vibrante

vigilant. . . . . vigilante

Unite fra loro le parole di significato corrispondente e/o sinonimi.

1. importante	animale
2. ristorante	vuoto
3. elegante	profumo
4. stimolante	eccitante
5. elefante	cena
6. fragrante	raffinato
7. vacante	essenziale

Leggere e ascoltare il racconto. Rispondere alle seguenti domande.

Gianni e Francesca decidono di andare prima in una città <u>importante</u>: Roma! Francesca dice: - Ma Gianni, è vero che i Romani sono <u>arroganti</u>? - Gianni risponde: - Ma che domanda <u>ignorante</u>! No, la gente (the people) **di Roma non è <u>arrogante</u>, il loro modo di vestire** (way of dressing) **è molto <u>elegante</u> e sanno che la storia di Roma è molto <u>importante</u>, ma... loro sono molto simpatici. - Gianni ha un amico, Andrea, che abita a Roma e che ha un <u>ristorante</u> che si chiama <u>L'Elefante</u> Rosso. Appena arrivano** (as soon as they arrive) **a Roma, vanno a mangiare un piatto molto <u>abbondante</u> di spaghetti da Andrea.**

1. Dove vanno?

2. Cosa pensa Francesca dei Romani?

3. Che dice Gianni del modo di vestire dei Romani?

4. Come descrive Gianni la storia di Roma?

5. Come si chiama il ristorante di Andrea?

English words ending in "–ar" often correspond to "–are" in Italian.

Italian words ending in "–are" are usually verbs or adjectives. For example,

> to arrive (v.) = *arrivare*
> irregular (adj.) = *irregolare*

Most of the words listed in this chapter are adjectives.

ENGLISH . . . . ITALIAN

All words and phrases in bold are on **Track 4** *of the accompanying CD.*

acellular . . . . acellulare
altar . . . . altare
angular . . . . angolare
antinuclear . . . . antinucleare

bipolar . . . . bipolare

Caesar . . . . Cesare
cardiovascular . . . . cardiovascolare
cellular . . . . **cellulare**
    "It's a cellular (phone)." . . . . . **- È un cellulare. -**
circular . . . . **circolare**
collar . . . . collare *(only used for "dog/animal collar")*

electronuclear . . . . elettronucleare
exemplar . . . . esemplare
extracurricular . . . . extracurricolare

familiar . . . . familiare *(also used for "relative,"*
e.g., cousin)

glandular . . . . ghiandolare
globular . . . . globulare
granular. . . . . granulare

insular . . . . insulare
intramuscular . . . . intramuscolare
irregular. . . . . irregolare

linear. . . . . lineare
lunar . . . . lunare

modular . . . . modulare
molar. . . . . molare
molecular . . . . molecolare
multicellular . . . . multicellulare
muscular. . . . . muscolare *(meaning "of the muscle")*

nectar . . . . nettare
nuclear. . . . . **nucleare**
   "It's nuclear energy." . . . . - **L'energia è nucleare.** -

ocular . . . . oculare

particular . . . . particolare
peculiar . . . . peculiare
peninsular. . . . . peninsulare
perpendicular . . . . perpendicolare
polar . . . . **polare**
popular . . . . **popolare** *(also used for "of the common*
people")

rectangular. . . . . rettangolare
regular. . . . . regolare

secular . . . . secolare

semicircular . . . . semicircolare

similar . . . . similare

singular . . . . singolare

solar . . . . solare

spectacular . . . . **spettacolare**

   "The food is spectacular." . . . - **Il cibo è spettacolare.** -

stellar . . . . stellare

subpolar . . . . subpolare

thermonuclear . . . . termonucleare

titular . . . . titolare

triangular . . . . triangolare

tubular . . . . tubolare

unicellular . . . . unicellulare

unpopular . . . . impopolare

vascular . . . . vascolare

vehicular . . . . veicolare

vernacular . . . . vernacolare

vulgar . . . . **volgare**

4A.

Unite fra loro le parole di significato corrispondente e/o sinonimi.

1. regolare	unico
2. cellulare	cerchio
3. particolare	pinguino
4. cardiovascolare	normale
5. singolare	cuore
6. circolare	distintivo
7. polare	telefono

4B.

Leggere e ascoltare il racconto. Rispondere alle seguenti domande.

Mentre sono a (while in) **Roma, Gianni e Francesca vanno ad una lezione di spagnolo con Andrea, l'amico di Gianni. Francesca chiede: - Perché hai un interesse <u>particolare</u> per lo spagnolo? - Andrea risponde: - Perché lo spagnolo è molto diffuso** (popular) **in America, ed io voglio parlare italiano, spagnolo, ed inglese. - Durante la lezione, il professore parla di qualche verbo <u>irregolare</u>. Dopo la lezione i tre amici parlano della differenza tra** (between) **il <u>singolare</u> e il plurale in spagnolo. Lo spagnolo è molto difficile per Francesca; lei dice: - Niente è <u>regolare</u>, tutto è <u>irregolare</u>!!! Per me lo spagnolo è molto difficile!! -**

1. Dove vanno mentre sono a Roma?

2. Perché Andrea studia lo spagnolo?

3. Di che cosa parla il professore?

4. I tre amici parlano della differenza tra che cosa (between what)?

5. Francesca pensa che lo spagnolo è molto regolare?

INSTANT Italian Vocabulary Builder

Chapter 5

Many English words ending in "–ary" correspond to "–ario" in Italian.

Italian words ending in "–ario" can be adjectives or masculine nouns. For example,

> extraordinary (adj.) = *straordinario*
> commentary (n.) = *il commentario*

ENGLISH . . . . ITALIAN

All words and phrases in bold are on **Track 5** *of the accompanying CD.*

actuary . . . . attuario
adversary . . . . avversario
anniversary . . . . **anniversario**
   "It's our anniversary." . . . . . . - **È il nostro anniversario.** -
antiquary . . . . antiquario
arbitrary . . . . arbitrario
auxiliary . . . . ausiliario

beneficiary . . . . beneficiario
bestiary . . . . bestiario
binary . . . . binario
budgetary . . . . budgetario

centenary . . . . centenario
commentary . . . . commentario
commissary . . . . commissario
contrary . . . . **contrario**
corollary . . . . corollario
coronary . . . . coronario
culinary . . . . culinario

depository . . . . depositario
diary . . . . diario *(also used for "journal")*
dictionary. . . . . **dizionario**
    "It's a good dictionary." . . . . . - **È un buon dizionario.** -
dignitary . . . . dignitario
dispensary . . . . dispensario
divisionary . . . . divisionario
documentary . . . . documentario

elementary . . . . elementario *(more commonly "elementare")*
emissary . . . . emissario
exemplary . . . . esemplario *(more commonly "esemplare")*
extraordinary . . . . **straordinario**

fiduciary . . . . fiduciario
fragmentary . . . . frammentario
functionary . . . . funzionario

glossary . . . . **glossario**

hereditary . . . . ereditario
honorary . . . . onorario

imaginary . . . . **immaginario**
incendiary . . . . incendiario
intermediary . . . . intermediario
involuntary . . . . involontario
itinerary . . . . **itinerario**
    "What's the itinerary?" . . . . . - **Qual è l'itinerario?** -

judiciary . . . . giudiziario

lapidary . . . . lapidario
legendary . . . . leggendario
literary . . . . letterario

mercenary . . . . mercenario
missionary . . . . missionario
monetary . . . . monetario
mortuary . . . . mortuario

necessary . . . . **necessario**

ordinary . . . . **ordinario**

penitentiary . . . . penitenziario
planetary . . . . planetario
primary . . . . primario
proprietary . . . . proprietario *(also used for "owner")*

questionary . . . . questionario *(meaning "questionnaire")*

reactionary . . . . reazionario
revolutionary . . . . **rivoluzionario**
rosary . . . . rosario

salary . . . . **salario**
   "She has a good salary." . . . . - **Lei ha un buon salario.** -
sanctuary . . . . santuario
sanitary . . . . sanitario
secondary . . . . secondario
secretary . . . . **segretario**
sedentary . . . . sedentario
sedimentary . . . . sedimentario
seminary . . . . seminario
solitary . . . . **solitario**
stationary . . . . stazionario
subsidiary . . . . sussidiario
summary . . . . sommario

tertiary . . . . terziario
tributary . . . . tributario

unitary . . . . unitario
urinary . . . . urinario

veterinary . . . . veterinario *(also used for "veterinarian")*
visionary . . . . visionario
vocabulary . . . . **vocabolario** *(also used for "dictionary")*
voluntary . . . . volontario *(also used for "volunteer")*

5A.

Unite fra loro le parole di significato corrispondente e/o sinonimi.

1. anniversario	soldi
2. vocabolario	celebrazione
3. salario	mito
4. veterinario	film
5. ordinario	animali
6. leggendario	normale
7. documentario	parole

5B.

Leggere e ascoltare il racconto. Rispondere alle seguenti domande.

Gianni e Francesca hanno un <u>itinerario</u> molto intenso per Roma. Per non dimenticare (to not forget) **le loro avventure, Francesca vuole comprare un <u>diario</u> per scriverci tutto. Un giorno vanno al Vaticano, un altro giorno vanno al Colosseo, un altro giorno vanno a Trastevere. Gianni dice: - Questo ritmo** (this pace) **non è normale! - Ogni notte, Francesca scrive molto nel suo <u>diario</u>, ma Gianni non capisce perché, infatti lui dice: - Non è <u>necessario</u> scrivere ogni dettaglio** (every detail)**—non è un <u>dizionario</u>! - Francesca risponde: - Al <u>contrario</u>, è molto importante scrivere ogni dettaglio! -**

1. Com'è il loro itinerario per Roma?

2. Cosa vuole comprare Francesca?

3. Cosa scrive Francesca nel suo diario?

4. Cosa dice Gianni del loro ritmo?

5. Secondo Gianni (according to Gianni), che cosa non è necessario fare?

-ble/-bile

English words ending in "–ble" generally correspond to "–bile" in Italian.

Italian words ending in "–bile" are usually adjectives. For example,

a <u>flexible</u> schedule = *un orario <u>flessibile</u>*

ENGLISH . . . . ITALIAN

*All words and phrases in bold are on **Track 6** of the accompanying CD.*

acceptable . . . . **accettabile**
accessible. . . . . accessibile
accreditable . . . . accreditabile
accumulable . . . . accumulabile
accusable. . . . . accusabile
adaptable. . . . . adattabile
adjustable. . . . . aggiustabile *(meaning "fixable")*
admirable . . . . ammirabile
admissible . . . . ammissibile
adoptable. . . . . adottabile
adorable . . . . **adorabile**
    "The baby is adorable!" . . . . **- Il bambino è adorabile! -**
affable . . . . affabile
affirmable. . . . . affermabile
alienable . . . . alienabile
alterable. . . . . alterabile
amiable . . . . amabile
applicable . . . . applicabile
appreciable . . . . apprezzabile
apprehensible. . . . . apprensibile
arable . . . . arabile
argumentable . . . . argomentabile
associable . . . . associabile

attachable . . . . attaccabile

biodegradable . . . . biodegradabile

calculable. . . . . calcolabile
cancelable . . . . cancellabile
capturable . . . . catturabile
censorable . . . . censurabile
coercible . . . . coercibile
colorable . . . . colorabile
combinable. . . . . combinabile
combustible . . . . combustibile
commemorable . . . . commemorabile
commendable . . . . commendabile
communicable. . . . . comunicabile
comparable . . . . **comparabile** *(more commonly*
"paragonabile")
compatible . . . . compatibile
comprehensible. . . . . comprensibile
computable. . . . . computabile
condemnable . . . . condannabile
condensable . . . . condensabile
condonable . . . . condannabile
conductible. . . . . conducibile
confessable. . . . . confessabile
conformable . . . . conformabile
confrontable . . . . confrontabile
conservable . . . . conservabile
considerable. . . . . considerabile
consolable . . . . consolabile
consumable . . . . consumabile
contaminable . . . . contaminabile
contestable. . . . . contestabile
continuable. . . . . continuabile
controllable. . . . . controllabile

convertible . . . . convertibile *(more commonly "cabriolet," re: cars)*

corruptible . . . . corruttibile

countable . . . . contabile *(also used as a noun, "an accountant")*

credible . . . . **credibile**

"He's not very credible." . . . . - **Lui non è molto credibile.** -

curable. . . . . curabile

damnable. . . . . dannabile

deductible . . . . deducibile

defensible. . . . . difensibile

definable . . . . definibile

degradable. . . . . degradabile

demonstrable . . . . dimostrabile

deplorable . . . . deplorabile

describable. . . . . descrivibile

desirable . . . . desiderabile

destructible . . . . distruttibile

determinable. . . . . determinabile

detestable. . . . . detestabile

digestible . . . . digestibile

discussible . . . . discutibile

dispensable . . . . dispensabile

disposable . . . . disponibile *(meaning "available")*

disputable. . . . . disputabile

distillable . . . . distillabile

divisible . . . . **divisibile**

"4 is divisible by 2." . . . . - **4 è divisibile per 2.** -

dubitable . . . . dubitabile

durable . . . . durabile *(more commonly "durevole")*

edible . . . . edibile

eligible. . . . . eleggibile *(meaning "electable")*

eliminable. . . . . eliminabile

enviable . . . . inviabile
estimable . . . . stimabile
evaporable . . . . evaporabile
evitable . . . . evitabile
examinable . . . . esaminabile
excitable . . . . eccitabile
excusable . . . . **scusabile**
expandable . . . . espandibile
expansible . . . . espansibile
explicable . . . . esplicabile
explorable . . . . esplorabile
exportable . . . . esportabile
expressible . . . . esprimibile
extensible . . . . estensibile

fallible . . . . fallibile
fermentable . . . . fermentabile
filmable . . . . filmabile
filterable . . . . filtrabile
fixable . . . . fissabile
flexible . . . . **flessibile**
     "Our schedule is flexible." . . . . **- Il nostro orario è flessibile. -**
formidable . . . . formidabile
formulable . . . . formulabile

governable . . . . governabile
guidable . . . . guidabile *(also used for "drivable")*

habitable . . . . abitabile
honorable . . . . onorabile
horrible . . . . **orribile**

identifiable . . . . identificabile
ignoble . . . . ignobile
ignorable . . . . ignorabile
illegible . . . . illeggibile

illuminable . . . . illuminabile
imaginable . . . . immaginabile
imitable . . . . imitabile
impassible . . . . impassibile
impeccable . . . . **impeccabile**
impenetrable . . . . impenetrabile
imperceptible . . . . impercettibile
impermeable . . . . impermeabile *(also used for "raincoat")*
imperturbable . . . . imperturbabile
implacable . . . . implacabile
implorable . . . . implorabile
importable . . . . importabile
impossible . . . . **impossibile**
impressionable . . . . impressionabile
improbable . . . . **improbabile**
inaccessible . . . . inaccessibile
inadmissible . . . . inammissibile
inalienable . . . . inalienabile
inapplicable . . . . inapplicabile
inappreciable . . . . inapprezzabile *(meaning "invaluable")*
inaudible . . . . inaudibile
incalculable . . . . incalcolabile
incomparable . . . . incomparabile
incompatible . . . . incompatibile
incomprehensible . . . . incomprensibile
inconsolable . . . . inconsolabile
incontestable . . . . incontestabile
incontrovertible . . . . incontrovertibile
incorrigible . . . . incorreggibile
incorruptible . . . . incorruttibile
incredible . . . . **incredibile**
    "His/her strength is incredible." - **La sua forza è incredibile.** -
incurable . . . . incurabile
indefatigable . . . . infaticabile
indefinable . . . . indefinibile
indelible . . . . indelebile

indescribable	indescrivibile
indestructible	indistruttibile
indigestible	indigeribile
indispensable	indispensabile
indivisible	indivisibile
ineffable	ineffabile
ineligible	ineleggibile
inestimable	inestimabile
inevitable	**inevitabile**
inexcusable	inscusabile
inexorable	inesorabile
inexplicable	inesplicabile
inextricable	inestricabile
infallible	infallibile
inflammable	infiammabile
inflexible	**inflessibile**
inhabitable	abitabile
inimitable	inimitabile
inoperable	inoperabile
insatiable	insaziabile
inscrutable	inscrutabile
insensible	insensibile *(meaning "insensitive")*
inseparable	inseparabile
insoluble	insolubile
insuperable	insuperabile
insusceptible	insuscettibile
intangible	intangibile
intelligible	intelligibile
interminable	interminabile
interpretable	interpretabile
intolerable	intollerabile
invariable	invariabile
invertible	invertibile
invincible	invincibile
inviolable	inviolabile

invisible . . . . **invisibile**
    "His/her friend   - **Il suo amico**
    is invisible." . . . . **è invisibile.** -
invulnerable . . . . invulnerabile
irascible . . . . irascibile
irreconcilable . . . . irreconciliabile
irreducible . . . . irriducibile
irrefutable . . . . irrefutabile
irresistible . . . . irresistibile
irresponsible . . . . **irresponsabile**
irreversible . . . . irreversibile
irrevocable . . . . irrevocabile
irrigable . . . . irrigabile
irritable . . . . irritabile

laudable . . . . lodabile
legible . . . . leggibile
limitable . . . . limitabile

malleable . . . . malleabile
manageable . . . . maneggiabile
maneuverable . . . . manovrabile
manipulable . . . . manipolabile
measurable . . . . misurabile
memorable . . . . memorabile
miserable . . . . **miserabile**
modifiable . . . . modificabile
multipliable . . . . moltiplicabile

navigable . . . . navigabile
negotiable . . . . negoziabile
noble . . . . **nobile**
    "It's a noble family." . . . . - **È una famiglia nobile.** -
notable . . . . notabile *(more commonly "notevole")*

observable . . . . osservabile

operable . . . . operabile
ostensible . . . . ostensibile

palpable. . . . . palpabile
pardonable. . . . . perdonabile
passable. . . . . **passabile**
payable . . . . pagabile
penetrable . . . . penetrabile
perceptible . . . . percepibile
perfectible . . . . perfettibile
permeable . . . . permeabile *(meaning "absorbent")*
permissible . . . . permissibile
persuadable . . . . persuasibile
placable. . . . . placabile
plausible . . . . plausibile
ponderable. . . . . ponderabile
portable . . . . portabile *(also used for "wearable")*
possible . . . . **possibile**
potable . . . . potabile
preferable. . . . . preferibile
presentable. . . . . presentabile
probable . . . . **probabile**
producible . . . . producibile
programmable . . . . programmabile
provable. . . . . provabile
publishable. . . . . pubblicabile

qualifiable . . . . qualificabile
quantifiable . . . . quantificabile

realizable. . . . . realizzabile
recitable. . . . . recitabile
recommendable . . . . raccomandabile
reconcilable . . . . riconciliabile
recountable. . . . . raccontabile
recyclable. . . . . riciclabile

reducible . . . . riducibile
reformable . . . . riformabile
refutable. . . . . refutabile
renegotiable . . . . rinegoziabile
renewable . . . . rinnovabile
repairable . . . . **riparabile**
reparable . . . . riparabile
repeatable . . . . ripetibile
replicable . . . . replicabile
reprehensible . . . . reprensibile
representable . . . . rappresentabile
resistible . . . . resistibile
resolvable . . . . risolvibile
respectable . . . . **rispettabile**
responsible . . . . **responsabile**
restorable . . . . restaurabile
retractable . . . . ritrattabile
reusable . . . . riusabile
reversible . . . . reversibile
revocable . . . . revocabile

savable . . . . salvabile
scrutable . . . . scrutabile
sensible . . . . sensibile *(meaning "sensitive")*
separable . . . . separabile
skiable . . . . sciabile
soluble . . . . solubile
stable . . . . **stabile** *(only an adjective; "horse*
stable" is "scuderia")
structurable . . . . strutturabile
superable . . . . superabile
susceptible . . . . suscettibile

tangible . . . . tangibile
taxable . . . . tassabile
terminable . . . . terminabile

terrible . . . . terribile
testable . . . . testabile
tolerable. . . . . tollerabile
touchable . . . . toccabile
transferable . . . . trasferibile
transformable . . . . trasformabile

unacceptable . . . . inaccettabile
unadaptable . . . . inadattabile
unalterable . . . . inalterabile
unclassifiable . . . . inclassificabile
uncontrollable . . . . incontrollabile
undesirable. . . . . indesiderabile
undeterminable . . . . indeterminabile
unimaginable . . . . inimmaginabile
unintelligible . . . . inintelligibile
unrealizable . . . . irrealizzabile
unstable . . . . instabile
untouchable . . . . intoccabile
usable . . . . usabile
utilizable . . . . utilizzabile

variable . . . . **variabile**
venerable. . . . . venerabile
verifiable . . . . verificabile
violable . . . . violabile
visible . . . . **visibile**
vulnerable . . . . vulnerabile

Unite fra loro le parole di significato corrispondente e/o sinonimi.

1. incredibile	piegare
2. adorabile	tremendo
3. flessibile	malattia
4. responsabile	maturo
5. possibile	molto carino
6. indispensabile	forse
7. curabile	necessario

Leggere e ascoltare il racconto. Rispondere alle seguenti domande.

Dopo qualche giorno a Roma, Francesca e Gianni prendono un treno per Napoli. Durante il viaggio in treno, hanno una lite (an argument). **Francesca dice a Gianni: - Tu sei così <u>irresponsabile</u>!! Non hai prenotato** (you didn't reserve) **i posti per lo spettacolo di danza! - Gianni risponde: - Tu sei <u>inflessibile</u>, possiamo andare un'altra volta, è molto <u>probabile</u> che un giorno torniamo a Napoli. - Francesca dice: - Tu sei <u>impossibile</u>!! È molto <u>improbabile</u> che torniamo a Napoli un giorno! - Alla fine, Gianni chiede scusa** (apologizes) **e dice che sarà molto più <u>responsabile</u> per il resto del viaggio. Francesca chiede se sarà <u>possibile</u> comprare i biglietti per lo spettacolo a Napoli. Gianni risponde: - Vediamo.... -**

1. Dove vanno dopo Roma?

2. Cosa pensa Francesca di Gianni?

3. Che cosa dice Gianni di Francesca?

4. Francesca pensa che sia probabile (it is probable) che tornino a Napoli un giorno?

5. Cosa chiede (asks) Francesca alla fine?

Chapter 7

English words ending in "–ct" often correspond to "–tto" in Italian.

Italian words ending in "–tto" are usually masculine nouns or adjectives. For example,

> contract (n.) = *il contratto*
> correct (adj.) = *corretto*

ENGLISH . . . . ITALIAN

All words and phrases in bold are on **Track 7** *of the accompanying CD.*

abstract . . . . astratto
act. . . . . atto
affect . . . . affetto
aqueduct . . . . acquedotto
architect. . . . . architetto
artifact . . . . artefatto
aspect . . . . **aspetto**

circumspect. . . . . circospetto
compact. . . . . compatto
conflict . . . . conflitto
contact . . . . **contatto**
   "She is my contact." . . . . **- Lei è il mio contatto. -**
contract . . . . **contratto**
correct . . . . **corretto**

defect. . . . . difetto
derelict. . . . . derelitto
dialect . . . . **dialetto**
   "Sicilian is a dialect." . . . . . . **- Il Siciliano è un dialetto. -**
direct . . . . **diretto**

district . . . . distretto

edict . . . . editto
effect . . . . effetto
exact . . . . esatto
extract . . . . estratto

fact . . . . fatto

impact . . . . impatto
imperfect . . . . imperfetto
incorrect. . . . . **incorretto**
indirect. . . . . **indiretto**
indistinct. . . . . indistinto
inexact . . . . inesatto
insect. . . . . insetto
intact . . . . intatto
intellect. . . . . intelletto

neglect. . . . . negletto *(more commonly "negligenza")*

object . . . . oggetto

pact. . . . . patto
perfect . . . . perfetto
prefect . . . . prefetto
product . . . . prodotto
project . . . . progetto
prospect. . . . . prospetto

respect . . . . **rispetto**
   "They have a lot of respect   - **Hanno molto rispetto**
     for her." . . . . **per lei. -**

strict. . . . . stretto *(meaning "tight," or "narrow")*
subject . . . . soggetto

suspect. . . . . sospetto

tact . . . . tatto

verdict . . . . verdetto
viaduct. . . . . viadotto

7A.

Unite fra loro le parole di significato corrispondente e/o sinonimi.

1. insetto	errore
2. contratto	impeccabile
3. diretto	problema
4. conflitto	parte
5. perfetto	lineare
6. incorretto	patto
7. aspetto	mosca

Leggere e ascoltare il racconto. Rispondere alle seguenti domande.

Dopo essere scesi dal treno <u>diretto</u> Roma-Napoli, Francesca chiede se questo sia il posto giusto perché lei non capisce niente! Lei sa che l'i-taliano parlato (spoken Italian) **non è sempre <u>perfetto</u>, ma non capisce questo <u>dialetto</u>** (this dialect) **per niente!! Gianni dice: - Non ti preoccu-pare bella, ho un buon <u>contatto</u> qui a Napoli, si chiama Alfonso, ed il suo italiano è molto <u>corretto</u>. - Dopo qualche minuto alla stazione, Alfonso viene a prenderli** (comes to get them). **Alfonso è molto spiritoso e ha molto <u>rispetto</u> per il suo amico Gianni e la sua ragazza Francesca. Dopo una bella cena da Alfonso, Francesca gli chiede se sa qualcosa dello spettacolo di danza in centro.... Alfonso risponde: - Vediamo.... -**

1. Che tipo di treno hanno preso da Roma?

2. Perché Francesca pensa che non sia (it is not) il posto giusto?

3. Perché non capiscono bene l'italiano a Napoli?

4. Come si chiama il contatto di Gianni?

5. Com'è Alfonso?

-ence/-enza

English words ending in "–ence" often correspond to "–enza" in Italian.

Italian words ending in "–enza" are usually feminine nouns. For example,

a coincidence = *una coincidenza*

ENGLISH . . . . ITALIAN

*All words and phrases in bold are on **Track 8** of the accompanying CD.*

absence . . . . **assenza**
abstinence . . . . astinenza
adherence . . . . aderenza
adolescence . . . . adolescenza
ambivalence . . . . ambivalenza
audience . . . . udienza *(more commonly "pubblico")*

beneficence . . . . beneficenza
benevolence . . . . benevolenza

cadence . . . . cadenza
circumference . . . . circonferenza
coalescence . . . . coalescenza
coexistence . . . . coesistenza
coherence . . . . coerenza
coincidence . . . . **coincidenza** *(also used for "travel connection")*
   "What a coincidence!" . . . . . **- Che coincidenza! -**
competence . . . . competenza
complacence . . . . compiacenza
concurrence . . . . concorrenza *(meaning "competition")*
condescendence . . . . condiscendenza *(meaning "compliance")*

condolence . . . . condoglianza
conference . . . . **conferenza**
confidence . . . . confidenza *(meaning "familiarity,"*
"intimacy")

confluence . . . . confluenza
congruence. . . . . congruenza
conscience . . . . coscienza
consequence . . . . **conseguenza**
consistence. . . . . consistenza
convalescence. . . . . convalescenza
convenience . . . . convenienza *(also used for "advantage")*
convergence . . . . convergenza
correspondence. . . . . corrispondenza
credence . . . . credenza

decadence . . . . decadenza
deference. . . . . deferenza
dependence . . . . dipendenza
deterrence . . . . deterrenza
difference. . . . . **differenza**
diffidence . . . . diffidenza *(meaning "distrust,"*
"suspicion")

diligence . . . . diligenza
disobedience . . . . disubbidienza
dissidence . . . . dissidenza
divergence . . . . divergenza

effervescence . . . . effervescenza
eloquence. . . . . eloquenza
emergence . . . . emergenza *(meaning "emergency")*
eminence . . . . eminenza
equivalence . . . . equivalenza
essence . . . . essenza
evidence. . . . . evidenza
excellence . . . . eccellenza
existence . . . . esistenza

experience . . . . **esperienza**
    "It was a great experience." . . .- **È stata una bella**
                    esperienza. -

flatulence . . . . flatulenza
fluorescence . . . . fluorescenza
fraudulence. . . . . fraudolenza
frequence . . . . frequenza *(also used for "frequency"*
                                     and "attendance")

imminence . . . . imminenza
impatience . . . . **impazienza**
impertinence. . . . . impertinenza
impotence. . . . . impotenza
imprudence. . . . . imprudenza
impudence . . . . impudenza
incandescence . . . . incandescenza
incidence . . . . incidenza *(meaning "effect,"*
                                     or "impact")
incompetence . . . . incompetenza
incongruence . . . . incongruenza
inconsistence. . . . . inconsistenza
incontinence . . . . incontinenza
inconvenience. . . . . inconvenienza
independence . . . . indipendenza
indifference. . . . . **indifferenza**
indolence . . . . indolenza
indulgence . . . . indulgenza
inexistence . . . . inesistenza
inexperience. . . . . inesperienza
inference . . . . inferenza
influence. . . . . **influenza**
    "They have a lot of influence." . .- **Loro hanno molta influenza. -**
innocence. . . . . **innocenza**
insistence . . . . insistenza
insolence . . . . insolenza

intelligence	**intelligenza**
interdependence	interdipendenza
interference	interferenza
intransigence	intransigenza
iridescence	iridescenza
irreverence	irriverenza
jurisprudence	giurisprudenza
luminescence	luminescenza
magnificence	magnificenza
malevolence	malevolenza
munificence	munificenza
negligence	negligenza
obedience	ubbidienza
obsolescence	obsolescenza
occurrence	occorrenza *(also used for "need")*
omnipotence	onnipotenza
omnipresence	onnipresenza
opulence	opulenza
patience	**pazienza**
"Patience is important."	**- La pazienza è importante. -**
penitence	penitenza
permanence	permanenza *(also used for "stay," "visit"*
persistence	persistenza
pertinence	pertinenza
pestilence	pestilenza
preadolescence	preadolescenza
precedence	precedenza *(also used for "right-of-way"*
preeminence	preminenza
preference	**preferenza**
prescience	prescienza
presence	**presenza**

INSTANT Italian Vocabulary Builder

prevalence . . . . prevalenza
prominence. . . . . prominenza
providence . . . . provvidenza
prudence . . . . prudenza
pubescence . . . . pubescenza

quintessence . . . . quintessenza

recurrence . . . . ricorrenza
reference . . . . referenza
reminiscence. . . . . reminescenza
residence . . . . **residenza**
resilience . . . . resilienza
resplendence . . . . risplendenza
reticence . . . . reticenza
reverence . . . . reverenza

science . . . . **scienza**
sentence . . . . sentenza *(meaning "prison sentence")*
sequence . . . . **sequenza**
somnolence. . . . . sonnolenza
subsistence . . . . sussistenza
succulence . . . . succulenza

transcendence. . . . . trascendenza
transparence. . . . . trasparenza
truculence. . . . . truculenza
turbulence. . . . . turbolenza

vehemence . . . . veemenza
videoconference . . . . videoconferenza
violence . . . . **violenza**
virulence. . . . . virulenza

8A.

Unite fra loro le parole di significato corrispondente e/o sinonimi.

1. conferenza	pistola
2. scienza	insistente
3. differenza	biologia
4. indifferenza	riunione
5. persistenza	diverso
6. violenza	abile
7. competenza	disinteresse

8B.

Leggere e ascoltare il racconto. Rispondere alle seguenti domande.

Il giorno dopo, Alfonso dice a Francesca: - Che <u>coincidenza</u>!! Io e la mia ragazza andiamo allo spettacolo domani sera, **volete venire** (do you want to come)? - Il giorno dopo Francesca è molto contenta e dice a Gianni: - Vedi? La <u>persistenza</u> e <u>diligenza</u> aiutano molto! - Gianni è molto contento per Francesca e pensa che la danza sarà una bella <u>esperienza</u>. Sfortunatamente (unfortunately), Gianni non ha né molta <u>pazienza</u> né molto interesse per la danza e cerca di nascondere (tries to hide) la sua <u>indifferenza</u>. Gianni dice a Francesca: - Mi dispiace per la mia <u>impazienza</u>, ma... la danza è terribile! - Dopo due giorni con Alfonso a Napoli Gianni e Francesca vanno a Capri.

1. Cosa dice Alfonso della danza?

2. Secondo Francesca, che cosa aiuta molto?

3. Quali aspettative (expectations) ha Gianni per la danza?

4. Gianni ha passione o indifferenza per la danza?

5. Perché chiede scusa Gianni?

-ent/-ente

English words ending in "–ent" often correspond to "–ente" in Italian

(excluding words ending in "–ment," which is a separate pattern).

Italian words ending in "–ente" are usually nouns or adjectives. For example,

president (n.) = *il/la presidente*
different (adj.) = *differente*

ENGLISH . . . . ITALIAN

All words and phrases in bold are on **Track 9** *of the accompanying CD.*

absent . . . . assente
absorbent. . . . . assorbente
abstinent . . . . astinente
accident . . . . accidente *(meaning "chance event")*
adherent. . . . . aderente
adjacent. . . . . adiacente
adolescent . . . . adolescente
agent . . . . **agente**
ambient . . . . ambiente *(meaning "environment")*
ambivalent . . . . ambivalente
antecedent . . . . antecedente
apparent . . . . apparente
ardent . . . . ardente
astringent . . . . astringente

benevolent . . . . benevolente

client . . . . **cliente**
   "He/she is an   - **È un**
      important client." . . . . **cliente importante.** -

coefficient. . . . . coefficiente

coexistent . . . . coesistente

cogent . . . . cogente

coherent. . . . . coerente

competent. . . . . **competente**

complacent . . . . compiacente *(meaning "willing to
                                               please")*

component . . . . componente

concurrent . . . . concorrente

confident . . . . confidente *(meaning "trusting,"
                                               "confiding")*

congruent. . . . . congruente

consequent . . . . conseguente

consistent . . . . consistente *(meaning "firm," "solid")*

constituent . . . . costituente

continent . . . . **continente**

    "Australia is a   **- L'Australia è un**

      small continent." . . . . **continente piccolo. -**

convalescent. . . . . convalascente

convenient . . . . conveniente *(more commonly "comodo")*

convergent . . . . convergente

copresident. . . . . copresidente

correspondent. . . . . corrispondente

current . . . . corrente

decadent . . . . decadente

decent . . . . decente

deficient. . . . . deficiente *(also used for "idiot,"
                                               "imbecile")*

delinquent . . . . delinquente

dependent . . . . dipendente *(also used for "employee")*

detergent . . . . detergente

deterrent. . . . . deterrente

different . . . . **differente**

diffident . . . . diffidente *(meaning "distrustful"
                                               or "suspicious")*

descendent . . . . discendente
diligent . . . . diligente
disobedient . . . . disubbidiente
dissident . . . . dissidente
divergent . . . . divergente
docent . . . . docente

effervescent . . . . effervescente
efficient . . . . efficiente
eloquent . . . . eloquente
emergent . . . . emergente
eminent . . . . eminente
equivalent . . . . equivalente
evanescent . . . . evanescente
evident . . . . evidente
excellent . . . . eccellente
existent . . . . esistente
expedient . . . . espediente
exponent . . . . esponente

fervent . . . . fervente
fluent . . . . fluente *(more commonly "scorrevole," for languages)*
fluorescent . . . . fluoroscente
frequent . . . . **frequente**

imminent . . . . imminente
impatient . . . . **impaziente**
    "Carlo is very impatient." . . . . - **Carlo è molto impaziente.** -
impertinent . . . . impertinente
impotent . . . . impotente
imprudent . . . . imprudente
impudent . . . . impudente
incandescent . . . . incandescente
incident . . . . incidente *(meaning "accident")*
incoherent . . . . incoerente

incompetent . . . . incompetente

incipient . . . . incipiente

incongruent . . . . incongruente

inconsistent . . . . inconsistente *(meaning "flimsy")*

incontinent . . . . incontinente

inconvenient . . . . sconveniente *(also used for "inappropriate")*

indecent . . . . indecente

independent . . . . indipendente

indifferent . . . . **indifferente**

indigent . . . . indigente

indolent . . . . indolente

indulgent . . . . indulgente

inefficient . . . . inefficiente

ineloquent . . . . ineloquente

inexistent . . . . inesistente

infrequent . . . . infrequente

ingredient . . . . **ingrediente**

inherent . . . . inerente

innocent . . . . **innocente**

insistent . . . . insistente

insolent . . . . insolente

insolvent . . . . insolvente

insufficient . . . . insufficiente

intelligent . . . . **intelligente**

"Gianni is very intelligent." . . . **- Gianni è molto intelligente. -**

interdependent . . . . interdipendente

intermittent . . . . intermittente

iridescent . . . . iridescente

irreverent . . . . irriverente

latent . . . . latente

lucent . . . . lucente

luminescent . . . . luminescente

munificent . . . . munificente

INSTANT Italian Vocabulary Builder

nascent . . . . nascente

negligent . . . . negligente

nutrient. . . . . nutriente

obedient. . . . . ubbidiente

occident . . . . occidente *(meaning "West")*

omnipotent . . . . onnipotente

omnipresent . . . . onnipresente

omniscient . . . . onnisciente

opponent . . . . opponente *(more commonly "oppositore")*

orient. . . . . oriente *(meaning "East")*

parent . . . . parente *(meaning "a relative")*

patent . . . . patente *(meaning "license," "driver's license")*

patient . . . . **paziente**

penitent . . . . penitente

permanent . . . . **permanente**

persistent . . . . persistente

pertinent. . . . . pertinente

pestilent . . . . pestilente

phosphorescent . . . . fosforescente

potent . . . . potente

preadolescent . . . . preadoloscente

precedent. . . . . precedente

preeminent . . . . preminente

preexistent . . . . preesistente

prescient. . . . . presciente

present. . . . . **presente**

president . . . . **presidente**

   "She is a good president.". . . - **È una buona presidente. -**

prevalent . . . . prevalente

proficient . . . . proficiente

prominent. . . . . prominente

proponent. . . . . proponente

prudent . . . . prudente
pubescent . . . . pubescente
pungent . . . . pungente

quotient . . . . quoziente

recent . . . . recente
recipient . . . . recipiente *(meaning "bowl" or*
"container")
repellent . . . . repellente
resident . . . . **residente**
resilient . . . . resiliente
resurgent . . . . risorgente
reticent . . . . reticente
reverent . . . . reverente

salient . . . . saliente
serpent . . . . serpente
silent . . . . silente *(more commonly "silenzioso")*
solvent . . . . solvente
strident . . . . stridente
stringent . . . . stringente
student . . . . studente
subcontinent . . . . subcontinente
subsequent . . . . susseguente
sufficient . . . . sufficiente
superintendent . . . . sopraintendente

tangent . . . . **tangente** *(also used for "bribe")*
torrent . . . . torrente
transcendent . . . . trascendente
transparent . . . . trasparente
trident . . . . tridente

urgent . . . . **urgente**
    "It's an urgent   - **È un messaggio**
    message." . . . . **urgente.** -

vehement . . . . veemente
vice president . . . . vicepresidente

9A.

Unite fra loro le parole di significato corrispondente e/o sinonimi.

1. recente	scuola
2. permanente	capo
3. impaziente	diverso
4. studente	ieri
5. differente	abile
6. presidente	fisso
7. intelligente	inquieto

9B.

Leggere e ascoltare il racconto. Rispondere alle seguenti domande.

Quando arrivano a Capri, Francesca chiama sua madre e riceve un messaggio <u>urgente</u>: deve assolutamente andare a trovare suo cugino (visit her cousin) **a Capri. Suo cugino, Gennaro, è il <u>presidente</u> di una compagnia farmaceutica. Gianni domanda: - Descrivi tuo cugino... com'è? - Francesca risponde: - Va bene, mio cugino è... un tipo <u>differente</u>... è un medico molto <u>competente</u> e molto, molto <u>intelligente</u>, ma è un po' strano** (a bit strange). **- Gianni vuole sapere perché è così - <u>differente</u>. - Francesca risponde: - Vedrai** (you'll see)**... lui pensa che tutti siano <u>studenti</u> di medicina. - Gianni dice: - Va bene, vediamo.... -**

1. Che tipo di messaggio riceve Francesca?

2. Cosa fa suo cugino Gennaro?

3. Come descrive suo cugino?

4. Secondo Francesca, Gennaro è intelligente?

5. Che dice Gianni alla fine?

Chapter 10

Many English words ending in "–gy" correspond to "–gia" in Italian.

Italian words ending in "–gia" are usually feminine nouns. For example,

energy = *l'energia*

ENGLISH . . . . ITALIAN

*All words and phrases in bold are on **Track 10** of the accompanying CD.*

allergy . . . . **allergia**
   "Gina has a   **- Gina ha**
     strange allergy." . . . . **un'allergia strana. -**
analogy . . . . analogia
anesthesiology . . . . anestesiologia
anthology . . . . antologia
anthropology . . . . antropologia
archaeology . . . . archeologia
astrobiology . . . . astrobiologia
astrology . . . . astrologia

biology . . . . **biologia**
biotechnology . . . . biotecnologia

cardiology . . . . cardiologia
chronology . . . . **cronologia**
climatology . . . . climatologia
cosmetology . . . . cosmetologia
cosmology . . . . cosmologia
criminology . . . . criminologia

dermatology . . . . dermatologia

ecology . . . . ecologia
elegy . . . . elegia
endocrinology . . . . endocrinologia
energy . . . . **energia**
 "We need energy." . . . . - **Abbiamo bisogno di energia.** -
ethnology . . . . etnologia
etymology . . . . etimologia

gastroenterology . . . . gastroenterologia
gastrology . . . . gastrologia
genealogy . . . . genealogia
geology . . . . **geologia**
gynecology . . . . ginecologia

hydrology . . . . idrologia

ideology . . . . **ideologia**

lethargy . . . . letargia
liturgy . . . . liturgia

meteorology . . . . **meteorologia**
methodology . . . . metodologia
microbiology . . . . microbiologia
mineralogy . . . . mineralogia
morphology . . . . morfologia
musicology . . . . musicologia
mythology . . . . **mitologia**

neurology . . . . neurologia
numerology . . . . numerologia

oncology . . . . oncologia
orgy . . . . orgia

paleontology . . . . paleontologia

pathology . . . . patologia
pedagogy . . . . pedagogia
pharmacology . . . . farmacologia
philology . . . . filologia
phonology . . . . fonologia
phraseology . . . . fraseologia
physiology . . . . fisiologia
primatology . . . . primatologia
proctology . . . . proctologia
psychology . . . . **psicologia**
   "I study psychology." . . . . **- Studio psicologia. -**

radiology . . . . **radiologia**
rheumatology . . . . reumatologia

seismology . . . . sismologia
sociology . . . . sociologia
strategy . . . . **strategia**
   "We need a strategy." . . . . . . **- Abbiamo bisogno di una strategia. -**
synergy . . . . sinergia

technology . . . . **tecnologia**
terminology . . . . terminologia
theology . . . . teologia
topology . . . . topologia
toxicology . . . . tossicologia
trilogy . . . . **trilogia**
typology . . . . tipologia

urology . . . . urologia

zoology . . . . zoologia

10A.

Unite fra loro le parole di significato corrispondente e/o sinonimi.

1. trilogia   vita
2. strategia   raggi x
3. geologia   terra
4. biologia   tre
5. tecnologia   computer
6. cronologia   tattica
7. radiologia   tempo

10B.

Leggere e ascoltare il racconto. Rispondere alle seguenti domande.

Alle nove di mattina Gianni e Francesca vanno da Gennaro. Lui abita ad Ana Capri ed è un uomo molto simpatico (a very nice man) **con molta <u>energia</u>. Dice improvvisamente** (suddenly)**: - Buon giorno ragazzi, avete qualche <u>allergia</u> al caffè? - I ragazzi dicono di no e prendono un caffè insieme. Gennaro comincia subito a parlare della sua nuova <u>tecnologia</u> e chiede a Gianni se studia <u>radiologia</u>. Gianni dice che non ha mai studiato** (has never studied) **<u>radiologia</u> ma ha fatto un anno di <u>biologia</u>. Gennaro chiede a Francesca se studia <u>psicologia</u>. Quando lei dice - no, - Gennaro dice: - Allora tu studi <u>meteorologia</u>? - Francesca guarda Gianni e lui capisce subito che significa - differente. -**

1. Gennaro è pigro (lazy) o ha molta energia?

2. I ragazzi hanno qualche allergia al caffè?

3. Di che cosa parla Gennaro?

4. Gianni studia radiologia?

5. Francesca studia psicologia?

-ic / -ico

English words ending in "–ic" often correspond to "–ico" in Italian.

Italian words ending in "–ico" are often adjectives. For example,

an <u>authentic</u> copy = *una copia <u>autentica</u>*

ENGLISH . . . . ITALIAN

All words and phrases in bold are on **Track 11** *of the accompanying CD.*

academic . . . . accademico
acoustic . . . . acustico
acrobatic . . . . acrobatico
Adriatic . . . . Adriatico
aerobic . . . . aerobico
aeronautic . . . . aeronautico
aesthetic. . . . . estetico
agnostic . . . . agnostico
alcoholic. . . . . **alcolico** *(only used for products; for people use "alcolizzato")*

    "It's an alcoholic drink." . . . . . **- È un cocktail alcolico. -**

allergic. . . . . **allergico**
alphabetic . . . . alfabetico
altruistic . . . . altruistico
analytic . . . . analitico
anarchic. . . . . anarchico
anemic. . . . . anemico
anesthetic. . . . . anestetico
angelic. . . . . angelico
antagonistic . . . . antagonistico
antarctic. . . . . antartico
antibiotic . . . . antibiotico
antidemocratic . . . . antidemocratico

anti-Semitic . . . . antisemitico
antiseptic . . . . antisettico
apocalyptic. . . . . apocalittico
aquatic. . . . . acquatico
Arabic . . . . arabico
arctic . . . . artico
aristocratic . . . . aristocratico
arithmetic . . . . aritmetico *(adjective)*
aromatic. . . . . aromatico
arthritic . . . . artritico
artistic . . . . **artistico**
asthmatic . . . . asmatico
astronomic . . . . astronomico
atheistic . . . . ateistico
athletic. . . . . **atletico**
Atlantic . . . . Atlantico
atomic . . . . atomico
authentic . . . . **autentico**
    "The art is authentic." . . . . . . - **L'arte è autentica.** -
autistic . . . . autistico
autobiographic . . . . autobiografico
automatic . . . . automatico

ballistic. . . . . balistico
balsamic. . . . . balsamico
Baltic . . . . baltico
barbaric. . . . . barbarico
barometric . . . . barometrico
biographic . . . . biografico
bionic . . . . bionico
botanic. . . . . botanico
bubonic . . . . bubbonico
bucolic. . . . . bucolico
bureaucratic . . . . burocratico

capitalistic . . . . capitalistico

catastrophic . . . . catastrofico

cathartic. . . . . catartico

Catholic . . . . **cattolico**

caustic . . . . caustico

Celtic. . . . . celtico

ceramic . . . . ceramico *(adjective, noun is "ceramica")*

chaotic. . . . . caotico

characteristic. . . . . caratteristico

charismatic . . . . carismatico

choleric . . . . collerico

chronic. . . . . **cronico**

cinematic . . . . cinematico

citric . . . . citrico

civic. . . . . civico

classic . . . . **classico**

    "It's a classic book." . . . . - **È un libro classico.** -

climatic . . . . climatico

clinic . . . . clinico

comic. . . . . comico *(also used for "comedian")*

communistic . . . . comunistico

concentric. . . . . concentrico

cosmetic. . . . . cosmetico

cosmic . . . . cosmico

critic . . . . critico *(also used for "critical")*

cryptic . . . . criptico

cubic . . . . cubico

cylindric. . . . . cilindrico

democratic . . . . **democratico**

demographic . . . . demografico

demonic. . . . . demonico

despotic. . . . . dispotico

diabetic . . . . diabetico

diabolic . . . . diabolico

diagnostic. . . . . diagnostico

didactic . . . . didattico

diplomatic	diplomatico
dogmatic	dogmatico
domestic.	**domestico** *(for flights use "nazionale";*
	for politics use "interno")
"It's a domestic job."	- **È un lavoro domestico.** -
Doric	dorico
dramatic.	drammatico
drastic	**drastico**
dynamic	dinamico
dyslexic	dislessico
eccentric.	eccentrico
ecclesiastic	ecclesiastico
eclectic.	eclettico
economic	economico *(also used for "inexpensive")*
ecstatic.	estatico
egocentric	egocentrico
egotistic	egotistico
elastic	elastico
electric	elettrico
electromagnetic.	elettromagnetico
electronic	**elettronico**
emblematic.	emblematico
embryonic	embrionico
emphatic	enfatico
energetic	energico
enigmatic	enigmatico
enthusiastic.	entusiastico
epic.	epico
epidermic	epidermico
epileptic	epilettico
erotic	erotico
erratic	erratico
esoteric	esoterico
ethic	etico
ethnic.	etnico

euphoric. . . . . euforico

evangelic . . . . evangelico

exotic. . . . . **esotico**

    "It's an exotic place." . . . . . . - **È un luogo esotico.** -

fanatic . . . . fanatico

fantastic . . . . **fantastico** *(also used for "imaginative")*

frenetic. . . . . frenetico

futuristic . . . . futuristico

galactic . . . . galattico

gastric . . . . gastrico

generic. . . . . generico

genetic. . . . . genetico

geographic. . . . . geografico

geologic. . . . . geologico

geometric . . . . geometrico

geriatric . . . . geriatrico

Germanic. . . . . germanico *(more commonly "tedesco")*

gigantic . . . . gigantesco

gothic . . . . gotico

graphic . . . . grafico

harmonic . . . . armonico

hedonistic. . . . . edonistico

hegemonic . . . . egemonico

hemispheric . . . . emisferico

hemophiliac . . . . emofiliaco

heretic . . . . eretico

heroic. . . . . **eroico**

hieroglyphic . . . . geroglifico

Hispanic. . . . . ispanico

historic. . . . . **storico** *(also used for "historian"*
                                        and "historical")

holistic . . . . olistico

homeopathic. . . . . omeopatico

Homeric . . . . omerico
horrific . . . . orrifico
hydraulic . . . . idraulico
hygienic . . . . igienico
hyperbolic . . . . iperbolico
hypodermic . . . . ipodermico
hypnotic . . . . ipnotico
hysteric . . . . isterico

iconic . . . . iconico
idyllic . . . . idillico
imperialistic . . . . imperialistico
inauthentic . . . . inautentico
intrinsic . . . . intrinseco
ironic . . . . **ironico**
    "It's an ironic situation." . . . . . - **È una situazione ironica.** -
Islamic . . . . islamico
italic . . . . italico

kinetic . . . . cinetico

laconic . . . . laconico
lactic . . . . lattico
lethargic . . . . letargico
linguistic . . . . linguistico
lithographic . . . . litografico
logic . . . . logico *(adjective; noun is "logica")*
logistic . . . . logistico
lunatic . . . . lunatico *(meaning "erratic," "moody")*
lyric . . . . lirico

macroeconomic . . . . macroeconomico
magic . . . . magico *(adjective, noun is "magia")*
magnetic . . . . magnetico
masochistic . . . . masochistico
materialistic . . . . materialistico

mathematic . . . . matematico

mechanic . . . . meccanico *(also used for*
"mechanical")

medic. . . . . medico *(also used for "medical")*

melodic . . . . melodico

melodramatic . . . . melodrammatico

metabolic . . . . metabolico

metalinguistic . . . . metalinguistico

metallic . . . . metallico

metaphoric . . . . metaforico

meteoric . . . . meteorico

methodic . . . . metodico

metric. . . . . **metrico**

microeconomic . . . . microeconomico

microscopic. . . . . **microscopico**

   "The sample is microscopic." . . - **Il campione è microscopico.** -

misanthropic. . . . . misantropico

mnemonic. . . . . mnemonico

modernistic. . . . . modernistico

monarchic . . . . monarchico

monastic. . . . . monastico

monolithic. . . . . monolitico

monopolistic . . . . monopolistico

moralistic . . . . moralistico

mosaic. . . . . mosaico

mystic . . . . mistico

mythic . . . . mitico

Napoleonic . . . . napoleonico

narcissistic . . . . narcisistico

narcotic . . . . narcotico

nationalistic . . . . nazionalistico

naturalistic . . . . naturalistico

neurotic . . . . nevrotico

Nordic. . . . . nordico

nostalgic. . . . . **nostalgico**

numeric . . . . numerico

oceanic . . . . oceanico
olympic . . . . olimpico
onomatopoeic . . . . onomatopeico
opportunistic . . . . opportunistico
optic . . . . ottico
optimistic . . . . ottimistico
organic . . . . organico
orgasmic . . . . orgasmico
orthopedic . . . . ortopedico

Pacific . . . . Pacifico
Paleozoic . . . . paleozoico
panic . . . . **panico**
panoramic . . . . panoramico
paramedic . . . . paramedico
parasitic . . . . parassitico
pathetic . . . . **patetico**
pathologic . . . . patologico
patriotic . . . . **patriottico**
pediatric . . . . pediatrico
pelvic . . . . pelvico
periodic . . . . periodico
pessimistic . . . . pessimistico
phallic . . . . fallico
philanthropic . . . . filantropico
phonetic . . . . fonetico
photogenic . . . . fotogenico
photographic . . . . fotografico
plastic . . . . plastico
platonic . . . . platonico
pluralistic . . . . pluralistico
pneumatic . . . . pneumatico
poetic . . . . **poetico**
polemic . . . . polemico

pornographic . . . . pornografico
pragmatic. . . . . pragmatico
prehistoric . . . . preistorico
problematic . . . . problematico
prolific . . . . prolifico
prophetic . . . . profetico
prosaic. . . . . prosaico
prosthetic . . . . prostetico
psychedelic. . . . . psichedelico
psychiatric . . . . psichiatrico
psychic. . . . . psichico
psychopathic. . . . . psicopatico
psychotic . . . . psicotico
pubic . . . . pubico
public . . . . pubblico *(also used for "audience")*

realistic . . . . realistico
rheumatic . . . . reumatico
rhythmic . . . . ritmico
ritualistic. . . . . ritualistico
robotic . . . . robotico
romantic. . . . . **romantico**
rustic . . . . rustico

sadomasochistic . . . . sadomasochistico
sarcastic . . . . **sarcastico**
sardonic. . . . . sardonico
satanic. . . . . satanico
scenic . . . . scenico
scholastic . . . . scolastico
scientific . . . . **scientifico**
semantic. . . . . semantico
sensationalistic . . . . sensazionalistico
skeptic . . . . scettico
sociolinguistic . . . . sociolinguistico
sociopathic. . . . . sociopatico

sonic	sonico
spastic	spastico
specific	**specifico**

     "It's not a specific problem." . . . **- Non è un problema specifico. -**

sporadic	sporadico
static	statico
statistic	statistico
stoic	stoico
strategic	**strategico**
stylistic	stilistico
supersonic	supersonico
symbolic	**simbolico**
sympathetic	simpatetico
synthetic	sintetico
systematic	sistematico
tactic	tattico
telegenic	telegenico
telegraphic	telegrafico
telepathic	telepatico
terrific	terrifico *(meaning "terrible")*
thematic	tematico
theoretic	teoretico
therapeutic	terapeutico
titanic	titanico
touristic	turistico
toxic	tossico
traffic	traffico
tragic	tragico
traumatic	traumatico
tropic	tropico
ultrasonic	ultrasonico
volcanic	vulcanico

11A.

Unite fra loro le parole di significato corrispondente e/o sinonimi.

1. strategico	macchine
2. artistico	creativo
3. elettronico	tradizione
4. traffico	determinato
5. classico	indeterminato
6. specifico	stereo
7. generico	tattico

11B.

Leggere e ascoltare il racconto. Rispondere alle seguenti domande.

Dopo due giorni a Capri, Gianni e Francesca vanno a Sorrento per qualche giorno. Sorrento è bellissima, di una bellezza <u>classica</u>. Durante il giorno vanno a qualche museo d'arte e di sera vedono quanto è <u>magica</u> Sorrento. Non c'è una spiegazione <u>specifica</u>, ma Sorrento sembra (appears to be) **una città <u>carismatica</u>. Gianni guida una macchina noleggiata** (rented car)**, ma c'è molto <u>traffico</u>! Francesca dice che questa non è stata un'idea molto <u>strategica</u>, perchè c'è sempre molto <u>traffico</u>. Lei dice: - Sii <u>realistico</u> Gianni!! Il treno è meglio** (better)**. - Gianni risponde: - Vediamo.... -**

1. C'è un problema quando Gianni guida?

2. Perchè dice Francesca: - Sii realistico -?

3. Che tipo di museo visitano?

4. Quando è magica Sorrento?

5. Come sembra Sorrento?

-ical / -ico

Many English words ending in "–ical" correspond to "–ico" in Italian.

Italian words ending in "–ico" are usually adjectives. For example,

a <u>logical</u> plan = *un piano <u>logico</u>*

ENGLISH . . . . ITALIAN

All words and phrases in bold are on **Track 12** *of the accompanying CD.*

aeronautical . . . . aeronautico
allegorical . . . . allegorico
alphabetical . . . . **alfabetico**
analytical . . . . analitico
anarchical . . . . anarchico
anatomical . . . . anatomico
angelical . . . . angelico
antithetical . . . . antitetico
apolitical . . . . apolitico
archaeological . . . . **archeologico**
astrological. . . . . astrologico
astronomical . . . . astronomico
atypical . . . . atipico
autobiographical. . . . . autobiografico

biblical. . . . . biblico
bibliographical . . . . bibliografico
biochemical . . . . biochimico
biographical. . . . . biografico
biological . . . . **biologico**
botanical . . . . **botanico**

categorical . . . . categorico

chemical. . . . . chimico
chronological . . . . cronologico
classical . . . . classico
clinical . . . . clinico
comical . . . . comico *(also used for "comedian")*
critical . . . . **critico** *(also used for "critic")*
cubical. . . . . cubico
cyclical. . . . . ciclico
cylindrical. . . . . cilindrico
cynical . . . . **cinico**
  "Paolo is very cynical." . . . . . - **Paolo è molto cinico.** -

demographical . . . . demografico
diabolical. . . . . diabolico

ecological. . . . . ecologico
economical. . . . . economico
egotistical. . . . . egotistico
electrical. . . . . **elettrico**
empirical . . . . empirico
ethical . . . . etico
evangelical. . . . . evangelico

fanatical. . . . . fanatico

gastronomical . . . . gastronomico
genealogical. . . . . genealogico
geographical . . . . geografico
geological . . . . geologico
geometrical. . . . . geometrico

heretical . . . . eretico
historical . . . . storico *(also used for "historian")*
hypothetical . . . . ipotetico
hysterical . . . . isterico

identical . . . . **identico**
ideological . . . . ideologico
illogical . . . . illogico
ironical. . . . . ironico

lexical . . . . lessico *(meaning "lexicon," "vocabulary")*
logical . . . . **logico**
logistical. . . . . logistico
lyrical. . . . . lirico

magical . . . . **magico**
mathematical . . . . matematico
mechanical. . . . . meccanico *(also used for "mechanic")*
medical . . . . medico *(also used for "doctor," "medic")*
metaphorical. . . . . metaforico
metaphysical. . . . . metafisico
methodical . . . . metodico
mystical . . . . mistico
mythical . . . . mitico
mythological . . . . mitologico

nautical . . . . nautico
neurological . . . . neurologico
numerical . . . . numerico

optical . . . . ottico

pathological . . . . patologico
pedagogical . . . . pedagogico
periodical. . . . . periodico
pharmaceutical . . . . farmaceutico
philosophical . . . . filosofico
physical . . . . fisico
physiological . . . . fisiologico
poetical . . . . poetico
political . . . . politico

practical . . . . **pratico**
    "He is not practical." . . . . **- Lui non è pratico. -**
psychological . . . . psicologico

rhetorical . . . . retorico
rhythmical. . . . . ritmico

sabbatical . . . . sabbatico
satirical . . . . satirico
skeptical. . . . . scettico
sociological . . . . sociologico
sociopolitical. . . . . sociopolitico
spherical . . . . sferico
statistical . . . . statistico
stereotypical . . . . stereotipico
strategical. . . . . strategico
symmetrical. . . . . simmetrico

tactical. . . . . tattico
technical. . . . . **tecnico** *(also used for "technician")*
technological . . . . tecnologico
theological . . . . teologico
theoretical . . . . teoretico
topical . . . . topico
typical . . . . **tipico**
    "What a typical response!" . . **- Che risposta tipica! -**
typographical . . . . tipografico
tyrannical . . . . tirannico

umbilical . . . . ombelico *(meaning "belly button")*

12A.

Unite fra loro le parole di significato corrispondente e/o sinonimi.

1. biografico	normale
2. tipico	governo
3. etico	gemello
4. identico	meccanico
5. politico	moralità
6. logico	personale
7. tecnico	soluzione

12B.

Leggere e ascoltare il racconto. Rispondere alle seguenti domande.

Gianni dice: - Sorrento è troppo bella—passiamo tutto il mese (the whole month) **qui! - Francesca capisce ma dice: - No, voglio essere pratica, dobbiamo continuare il nostro viaggio in una maniera logica. - Gianni vede che lei è molto logica adesso e dice: - Francesca, questo è tipico di te, tu sei sempre così pratica! - Lei risponde: - Dai Gianni, non essere così critico, anche tu vuoi andare in Calabria, vero? - Gianni risponde: - Sì, hai ragione** (you're right)**, andiamo in Calabria. -**

1. Gianni vuole rimanere a Sorrento o partire?

2. In che maniera vuole viaggiare Francesca?

3. Francesca è sempre pratica?

4. Cosa dice Francesca a Gianni della Calabria (about Calabria)?

5. Dove vanno adesso?

-id/-ido

Many English words ending in "–id" correspond to "–ido" in Italian.

Italian words ending in "–ido" are usually adjectives. For example,

a <u>timid</u> boy = *un ragazzo <u>timido</u>*

ENGLISH . . . . ITALIAN

*All words and phrases in bold are on **Track 13** of the accompanying CD.*

acid . . . . acido
antacid . . . . antiacido
arid . . . . arido
avid . . . . avido

candid . . . . candido *(also used for "spotless" and "innocent")*

Cupid . . . . Cupido

fervid . . . . fervido
flaccid . . . . flaccido
fluid . . . . fluido
frigid . . . . frigido

horrid . . . . orrido *(more commonly "orrendo")*
humid . . . . **umido**
    "Today is very humid." . . . . . **- Oggi è molto umido. -**
hybrid . . . . ibrido

insipid . . . . insipido
intrepid . . . . intrepido
invalid . . . . invalido

languid . . . . languido
liquid . . . . **liquido**
lucid . . . . lucido
lurid . . . . lurido

morbid . . . . morbido *(more commonly used for "soft")*

pallid . . . . pallido
placid . . . . placido
putrid . . . . putrido

rancid . . . . rancido
rapid . . . . **rapido**
rigid . . . . **rigido**

solid . . . . solido
sordid . . . . sordido
splendid . . . . **splendido**
    "It's a splendid idea." . . . . . . **- È un'idea splendida. -**
squallid . . . . squallido
stolid . . . . stolido
stupid . . . . **stupido**

tepid . . . . tiepido
timid . . . . **timido**
    "Matteo is very timid." . . . . . . **- Matteo è molto timido." -**
torrid . . . . torrido
trepid . . . . trepido

valid . . . . **valido**
vivid . . . . vivido

13A.

Unite fra loro le parole di significato corrispondente e/o sinonimi.

1. rapido	acqua
2. rigido	deserto
3. stupido	inflessibile
4. splendido	limone
5. arido	velocità
6. acido	sciocco
7. liquido	meraviglia

13B.

Leggere e ascoltare il racconto. Rispondere alle seguenti domande.

Per andare in Calabria, Gianni e Francesca decidono di noleggiare un'altra macchina. Francesca dice che è un piano stupido (a stupid plan), **ma Gianni pensa che sia un piano splendido! Francesca dice: - Ma a Sorrento, il viaggio in macchina non è stato molto rapido! - Gianni dice che preferisce guidare quando fa caldo. Durante il viaggio è molto umido e all'improvviso** (all of a sudden) **Gianni diventa molto pallido, e ha mal di stomaco** (stomach ache). **Francesca non dice niente e va in una farmacia e compra un po' di Maalox per Gianni. Il farmacista dice che deve bere molti liquidi e non mangiare cibo pesante.**

1. Che dice Francesca dell'idea di guidare in Calabria?

2. Che pensa Gianni della sua idea?

3. Che tempo fa durante il viaggio?

4. Cosa compra Francesca per Gianni quando lui sta male?

5. Il farmacista dice che deve bere che cosa e mangiare che cosa?

-ism/-ismo

English words ending in "–ism" often correspond to "–ismo" in Italian.

Italian words ending in "–ism" are usually masculine nouns. For example,

tourism = *il turismo*

ENGLISH . . . . ITALIAN

All words and phrases in bold are on **Track 14** *of the accompanying CD.*

English	Italian
abolitionism	abolizionismo
absenteeism	assenteismo
absolutism	assolutismo
activism	attivismo
agnosticism	agnosticismo
alcoholism	**alcolismo**
altruism	altruismo
Americanism	americanismo
anachronism	anacronismo
anarchism	anarchismo
Anglicism	anglicismo
animalism	animalismo
antagonism	antagonismo
anticapitalism	anticapitalismo
anticommunism	anticomunismo
antifascism	**antifascismo**
antiracism	antirazzismo
anti-Semitism	antisemitismo
antiterrorism	antiterrorismo
astigmatism	astigmatismo
atheism	ateismo
athleticism	**atletismo**
autism	autismo

barbarism . . . . barbarismo
behaviorism . . . . behaviorismo
bilingualism . . . . bilinguismo
botulism . . . . botulismo
brutalism . . . . brutalismo
Buddhism . . . . buddismo

cannibalism . . . . cannibalismo
capitalism . . . . **capitalismo**
   "Capitalism comes   **- Il capitalismo viene**
     from America." . . . . **dall'America. -**
catechism . . . . catechismo
centralism . . . . centralismo
chauvinism . . . . sciovinismo
classicism . . . . classicismo
collectivism . . . . collettivismo
colonialism . . . . colonialismo
communism . . . . **comunismo**
conformism . . . . conformismo
conservatism . . . . conservatismo
constructivism . . . . costruttivismo
consumerism . . . . consumerismo
cosmopolitanism . . . . cosmopolitismo
cubism . . . . cubismo

Darwinism . . . . darwinismo
deism . . . . deismo
despotism . . . . dispotismo
determinism . . . . determinismo
dogmatism . . . . dogmatismo
dualism . . . . dualismo

egoism . . . . egoismo *(meaning "sefishness")*
egotism . . . . egotismo
eroticism . . . . erotismo
euphemism . . . . eufemismo

evangelism	evangelismo
evolutionism	evoluzionismo
existentialism	esistenzialismo
exorcism	esorcismo
experimentalism	sperimentalismo
expressionism	espressionismo
extremism	estremismo
fanaticism	fanatismo
fascism	**fascismo**

"I don't like fascism." . . . . **- Non mi piace il fascismo. -**

fatalism	fatalismo
favoritism	favoritismo
federalism	federalismo
feminism	**femminismo**
folklorism	folclorismo
fundamentalism	fondamentalismo
futurism	futurismo
globalism	globalismo
hedonism	edonismo
heroism	eroismo
Hinduism	induismo
humanism	umanesimo
humanitarianism	umanitarismo
hypnotism	ipnotismo
idealism	idealismo
imperialism	imperialismo
impressionism	**impressionismo**
individualism	individualismo
inflationism	inflazionismo
institutionalism	istituzionalismo
internationalism	internazionalismo
isolationism	isolazionismo

Italianism . . . . italianismo

journalism. . . . . giornalismo
Judaism . . . . giudaismo

Latinism . . . . latinismo
legalism . . . . legalismo
Leninism . . . . leninismo
lesbianism . . . . lesbismo
liberalism . . . . liberalismo
localism . . . . localismo

magnetism . . . . magnetismo
mannerism . . . . manierismo
Marxism. . . . . marxismo
materialism. . . . . materialismo
mechanism . . . . **meccanismo**
metabolism . . . . metabolismo
microorganism . . . . microrganismo
militarism . . . . militarismo
minimalism . . . . minimalismo
modernism . . . . modernismo
monotheism . . . . monoteismo
mutualism. . . . . mutualismo

narcissism. . . . . narcisismo
nationalism . . . . **nazionalismo**
naturalism. . . . . naturalismo
Nazism . . . . nazismo
negativism . . . . negativismo
neoclassicism . . . . neoclassicismo
neofascism . . . . neofascismo
neologism. . . . . neologismo
neo-Nazism . . . . neonazismo
neorealism . . . . neorealismo
nepotism. . . . . nepotismo

neutralism . . . . neutralismo
nonconformism . . . . nonconformismo
nudism . . . . nudismo

objectivism . . . . oggettivismo
occultism . . . . occultismo
opportunism . . . . opportunismo
optimism . . . . **ottimismo**
organism . . . . **organismo**
  "It's a rare organism." . . . . . . **- È un organismo raro. -**
orientalism . . . . orientalismo

pacifism . . . . pacifismo
parallelism . . . . parallelismo
passivism . . . . passivismo
patriotism . . . . patriottismo
perfectionism . . . . perfezionismo
pessimism . . . . pessimismo
pluralism . . . . pluralismo
polytheism . . . . politeismo
popularism . . . . popolarismo
populism . . . . populismo
positivism . . . . positivismo
postmodernism . . . . postmodernismo
pragmatism . . . . pragmatismo
primitivism . . . . primitivismo
professionalism . . . . **professionalismo**
protectionism . . . . protezionismo
provincialism . . . . provincialismo
purism . . . . purismo
Puritanism . . . . puritanesimo

racism . . . . **razzismo**
radicalism . . . . radicalismo
rationalism . . . . razionalismo
realism . . . . realismo

reformism . . . . riformismo

regionalism. . . . . regionalismo

relativism . . . . relativismo

romanticism . . . . romanticismo

sadism . . . . sadismo

satanism. . . . . satanismo

scandalism . . . . scandalismo

sensationalism. . . . . sensazionalismo

sensualism . . . . sensualismo

separatism . . . . separatismo

sexism . . . . sessismo

skepticism. . . . . scetticismo

socialism . . . . **socialismo**

 "Marx wrote about socialism." . . **- Marx ha scritto sul socialismo. -**

spiritualism . . . . spiritualismo

Stalinism. . . . . stalinismo

stoicism . . . . stoicismo

structuralism . . . . strutturalismo

surrealism. . . . . surrealismo

syllogism . . . . sillogismo

symbolism. . . . . simbolismo

territorialism . . . . territorialismo

terrorism . . . . **terrorismo**

totalitarianism . . . . totalitarismo

tourism. . . . . **turismo**

 "Tourism is lucrative in Italy." . . . **- Il turismo è lucrativo in Italia. -**

tribalism . . . . tribalismo

truism . . . . truismo

utilitarianism . . . . utilitarismo

vandalism. . . . . vandalismo

vegetarianism . . . . vegetarianismo

voyeurism. . . . . voyeurismo

14A.

Unite fra loro le parole di significato corrispondente e/o sinonimi.

1. ottimismo	pittura
2. terrorismo	positivo
3. comunismo	violenza
4. turismo	Karl Marx
5. simbolismo	segno
6. impressionismo	donne
7. femminismo	viaggio

14B.

Leggere e ascoltare il racconto. Rispondere alle seguenti domande.

Dopo il primo giorno in Calabria, Gianni si sente molto meglio. C'è molto <u>turismo</u> e molta storia in Calabria ma loro decidono di rilassarsi (decide to relax) **per qualche giorno in spiaggia. Francesca compra un libro di storia italiana** (Italian history) **e legge del <u>fascismo</u> in Italia durante gli anni 20 e 30** (in the 20s and 30s)**; legge anche delle influenze del <u>comunismo</u> e del <u>socialismo</u> in Italia. Loro discutono del <u>patriottismo</u> italiano e Francesca chiede a Gianni cosa pensa del <u>capitalismo</u>. Gianni dice: - Francesca, tutto questo è molto interessante ma... prendiamo un gelato invece? -**

1. C'è molto turismo in Calabria?

2. Quando c'è stato (was there) il fascismo in Italia?

3. Francesca legge di quali altre influenze?

4. Di che cosa discutono?

5. Che cosa dice Gianni alla fine?

-ist / -ista

Many English words ending in "–ist" correspond to "–ista" in Italian.

Italian words ending in "–ista" are usually nouns. For example,

a therapist = *un(a) terapista*

ENGLISH . . . . ITALIAN

All words and phrases in bold are on **Track 15** *of the accompanying CD.*

abolitionist . . . . abolizionista
activist . . . . attivista
alchemist . . . . alchimista
altruist . . . . altruista
analyst . . . . analista
anatomist . . . . anatomista
antagonist . . . . antagonista
anticommunist . . . . anticomunista
antifascist . . . . antifascista
artist . . . . **artista**
      "He wants to be an artist." . . . . - **Vuole fare l'artista.** -
atheist . . . . ateista

Baptist . . . . battista
bassist . . . . bassista
Buddhist . . . . buddista

Calvinist . . . . calvinista
capitalist . . . . **capitalista**
cartoonist . . . . cartonista
centralist . . . . centralista
chauvinist . . . . sciovinista
classisist . . . . classicista

communist	**comunista**
conformist	conformista
cubist	cubista
cyclist	ciclista

dentist	**dentista**

    "Where is the dentist?" . . . . . **- Dove è il dentista? -**

divisionist	divisionista
dualist	dualista

ecologist	ecologista
economist	economista
egoist	egoista
egotist	egotista
evangelist	evangelista
exhibitionist	esibizionista
existentialist	esistenzialista
expressionist	espressionista
extremist	estremista

fascist	fascista
fatalist	fatalista
federalist	federalista
feminist	femminista
finalist	**finalista**
florist	**fiorista**
flutist	flautista
formalist	formalista
fundamentalist	fondamentalista
futurist	futurista

guitarist	**chitarrista**

harpist	arpista
hedonist	edonista
hobbyist	hobbista

humanist. . . . . umanista
humorist . . . . umorista
hygienist. . . . . igienista

idealist . . . . **idealista**
    "We don't want   **- Non vogliamo**
       an idealist." . . . . **un idealista. -**
imperialist. . . . . imperialista
impressionist . . . . impressionista
individualist . . . . individualista
internist . . . . internista
isolationist . . . . isolazionista

journalist . . . . giornalista
jurist. . . . . giurista

linguist . . . . linguista
list . . . . **lista**
lobbyist . . . . lobbista

mannerist . . . . manierista
masochist . . . . masochista
Marxist. . . . . marxista
materialist. . . . . materialista
Methodist . . . . metodista
minimalist. . . . . **minimalista**
    "He/she has a minimalist style." . . . **- Ha uno stile minimalista. -**
modernist . . . . modernista
monopolist . . . . monopolista
moralist . . . . moralista
motorist . . . . motorista
muralist . . . . muralista

narcissist . . . . narcisista
nationalist. . . . . nazionalista
nonconformist . . . . nonconformista

nudist	nudista
nutritionist	**nutrizionista**
occultist	occultista
opportunist	opportunista
optimist	**ottimista**
organist	organista
pacifist	pacifista
perfectionist	perfezionista
pessimist	**pessimista**
pharmacist	farmacista
pianist	**pianista**
pluralist	pluralista
populist	populista
positivist	positivista
preventist	preventista
pragmatist	pragmatista
prohibitionist	proibizionista
protagonist	protagonista
publicist	pubblicista
purist	purista
racist	**razzista**
"Don't be a racist!"	- **Non essere razzista!** -
rationalist	razionalista
realist	**realista**
reformist	riformista
sadomasochist	sadomasochista
satanist	satanista
satirist	satirista
secessionist	secessionista
semifinalist	semifinalista
sentimentalist	sentimentalista
sexist	sessista

socialist . . . . socialista
specialist . . . . specialista
spiritualist . . . . spiritualista
Stalinist . . . . stalinista
structuralist . . . . strutturalista
stylist . . . . stilista
surrealista . . . . surrealista
symbolist . . . . simbolista

terrorist . . . . **terrorista**
therapist . . . . terapista
traditionalist . . . . tradizionalista
tourist . . . . **turista**

violinist . . . . violinista
vocalist . . . . vocalista

15A.

Unite fra loro le parole di significato corrispondente e/o sinonimi.

1. artista	negativo
2. finalista	passaporto
3. lista	competizione
4. idealista	verità
5. realista	sognare
6. turista	scultura
7. pessimista	elenco

15B.

Leggere e ascoltare il racconto. Rispondere alle seguenti domande.

Destinazione: la Sicilia! Mentre Gianni e Francesca girano per la Sicilia incontrano (they meet) **un'altra coppia di Milano. Il ragazzo è un <u>dentista</u> e la ragazza è un'<u>artista</u>. I loro nuovi amici** (their new friends) **sono <u>turisti</u> - professionali, - viaggiano molto, e sanno molto della Sicilia. Francesca ha una <u>lista</u> di domande ed il <u>dentista</u> può dare una risposta ad ogni domanda! Sono molto intelligenti ma sono una coppia strana** (a strange couple)**: la ragazza è un'<u>ottimista</u>, mentre il suo ragazzo è un <u>pessimista</u>. Lei è un'<u>idealista</u> e lui un <u>conformista</u>. Il dentista dice a Gianni e Francesca: - Volete venire a Siracusa con noi? - Gianni risponde: - Vediamo.... -**

1. Cosa fa il ragazzo che conoscono?

2. I loro nuovi amici viaggiano spesso?

3. Francesca ha una lista di che cosa?

4. Com'è il dentista?

5. Com'è l'artista?

-ive/-ivo

English words ending in "–ive" often correspond to "–ivo" in Italian.

Italian words ending in "–ivo" are usually adjectives. For example,

a <u>creative</u> idea = *un'idea <u>creativa</u>*

ENGLISH . . . . ITALIAN

*All words and phrases in bold are on **Track 16** of the accompanying CD.*

abortive . . . . abortivo
abrasive . . . . abrasivo
abusive . . . . abusivo *(meaning "illegal," or "unlicensed")*
accusative . . . . accusativo
active . . . . **attivo**
    "It's not an active volcano." . . . . **- Non è un vulcano attivo. -**
additive . . . . additivo
adhesive . . . . adesivo
adjective . . . . **aggettivo**
administrative . . . . amministrativo
adoptive . . . . adottivo
affective . . . . affettivo
affirmative . . . . affermativo
aggressive . . . . **aggressivo**
allusive . . . . allusivo
alternative . . . . alternativo
anticorrosive . . . . anticorrosivo
appositive . . . . appositivo
apprehensive . . . . apprensivo
archive . . . . archivio
argumentative . . . . argomentativo

arrive . . . . arrivo *(meaning "arrival")*

assertive . . . . assertivo

associative . . . . associativo

assumptive . . . . assuntivo

attributive . . . . attributivo

authoritative . . . . autoritativo *(more commonly "autoritario")*

causative . . . . causativo

coactive . . . . coattivo

cognitive . . . . cognitivo

cohesive . . . . coesivo

collaborative . . . . collaborativo

collective . . . . collettivo

combative . . . . combattivo

commemorative . . . . commemorativo

communicative . . . . comunicativo

comparative . . . . comparativo

competitive . . . . **competitivo**

comprehensive . . . . comprensivo *(also used for "under-standing/ sympathetic")*

compulsive . . . . compulsivo

conclusive . . . . conclusivo

conductive . . . . conduttivo

conjunctive . . . . congiuntivo *(meaning "subjunctive")*

connective . . . . connettivo

consecutive . . . . **consecutivo**

conservative . . . . conservativo

constructive . . . . costruttivo

contemplative . . . . contemplativo

contraceptive . . . . contraccettivo

contributive . . . . contributivo

convulsive . . . . convulsivo

cooperative . . . . **cooperativo**

coordinative . . . . coordinativo

corrective . . . . correttivo

corrosive . . . . corrosivo
corruptive . . . . corruttivo
creative . . . . **creativo**
    "They have a creative idea." . . . **- Loro hanno un'idea creativa. -**
cumulative . . . . cumulativo
curative . . . . curativo
cursive . . . . corsivo *(also used for "italics")*

dative . . . . dativo
decisive . . . . decisivo
declarative . . . . dichiarativo
deconstructive . . . . decostruttivo
decorative . . . . decorativo
deductive . . . . deduttivo
defensive . . . . difensivo *(only used to describe things)*
definitive . . . . **definitivo**
    "You don't have a   **- Non hai una**
    definitive answer?" . . . . **risposta definitiva? -**
degenerative . . . . degenerativo
deliberative . . . . deliberativo
demonstrative . . . . dimostrativo
depressive . . . . depressivo
derivative . . . . derivativo
descriptive . . . . descrittivo
destructive . . . . **distruttivo**
determinative . . . . determinativo
diffusive . . . . diffusivo
digestive . . . . digestivo
digressive . . . . digressivo
diminutive . . . . diminutivo
directive . . . . direttivo
discriminative . . . . discriminativo
discursive . . . . discorsivo
distinctive . . . . distintivo
distributive . . . . distributivo

educative . . . . educativo

elective. . . . . elettivo

elusive . . . . elusivo

emotive . . . . emotivo *(meaning "emotional")*

erosive. . . . . erosivo

evasive. . . . . evasivo

evocative . . . . evocativo

excessive . . . . **eccessivo**

   "It was an excessive portion." . . . - **Era una porzione eccessiva.** -

exclusive . . . . esclusivo

executive . . . . **esecutivo**

exhaustive . . . . esaustivo

expansive. . . . . espansivo

explicative . . . . esplicativo

explorative . . . . esplorativo

explosive . . . . esplosivo

expressive . . . . espressivo

extensive . . . . estensivo

festive . . . . festivo *(also used to describe*
                                    "Sundays" and "holidays")

figurative . . . . figurativo

formative . . . . formativo

fugitive. . . . . fuggitivo

furtive. . . . . furtivo

generative . . . . generativo

genitive . . . . genitivo

hyperactive. . . . . iperattivo

illuminative . . . . illuminativo

illusive . . . . illusivo

illustrative . . . . illustrativo

imaginative. . . . . **immaginativo**

imitative . . . . imitativo

imperative . . . . imperativo
implosive . . . . implosivo
impulsive . . . . impulsivo
inactive . . . . inattivo
incentive. . . . . incentivo
incisive. . . . . incisivo
inclusive . . . . inclusivo
indicative . . . . indicativo
infective . . . . infettivo
informative . . . . informativo
inoffensive . . . . inoffensivo
innovative. . . . . innovativo
instinctive . . . . istintivo
instructive . . . . istruttivo
integrative . . . . integrativo
intensive. . . . . intensivo
interactive. . . . . **interattivo**
interpretive . . . . interpretativo
interrogative . . . . interrogativo
intransitive . . . . intransitivo
introspective . . . . introspettivo
intrusive . . . . intrusivo
intuitive . . . . intuitivo
invasive . . . . invasivo
inventive. . . . . inventivo
investigative . . . . investigativo
irritative . . . . irritativo

laxative . . . . lassativo
legislative . . . . legislativo
lucrative . . . . lucrativo

manipulative . . . . manipolativo
massive . . . . massivo
meditative. . . . . meditativo
motive . . . . motivo

multiplicative . . . . moltiplicativo

narrative . . . . narrativo
native . . . . nativo
negative . . . . **negativo**
nominative . . . . nominativo

objective . . . . **obiettivo**
obsessive . . . . ossessivo
obstructive . . . . ostruttivo
offensive . . . . **offensivo**
olive . . . . olivo *(meaning "olive tree")*
operative . . . . operativo
oppressive . . . . oppressivo

partitive . . . . partitivo
passive . . . . passivo
pejorative . . . . peggiorativo
perceptive . . . . percettivo
permissive . . . . permissivo
persuasive . . . . persuasivo
pervasive . . . . pervasivo
positive . . . . **positivo**
possessive . . . . **possessivo**
   "He's a very   **- È un padre molto**
    possessive father." . . . . **possessivo. -**
preclusive . . . . preclusivo
preparative . . . . preparativo
prescriptive . . . . prescrittivo
preservative . . . . preservativo *(meaning "condom," "contraceptive")*

presumptive . . . . presuntivo
preventive . . . . preventivo
primitive . . . . **primitivo**
productive . . . . **produttivo**
progressive . . . . progressivo

INSTANT Italian Vocabulary Builder

prohibitive . . . . proibitivo
prospective . . . . prospettivo
protective . . . . protettivo
provocative . . . . provocativo
punitive . . . . punitivo

qualitative . . . . qualitativo
quantitative . . . . quantitativo

radioactive . . . . radioattivo
reactive . . . . reattivo
receptive . . . . ricettivo
recessive . . . . recessivo
recreative . . . . ricreativo
reductive . . . . riduttivo
reflexive . . . . riflessivo
regressive . . . . regressivo
relative . . . . relativo *(only an adjective)*
repetitive . . . . **ripetitivo**
representative . . . . rappresentativo *(only an adjective)*
repressive . . . . repressivo
reproductive . . . . riproduttivo
repulsive . . . . ripulsivo
respective . . . . rispettivo
restorative . . . . ristorativo
restrictive . . . . ristrettivo
retroactive . . . . retroattivo
retrospective . . . . retrospettivo

sedative . . . . sedativo
seductive . . . . seduttivo *(more commonly "seducente")*
selective . . . . **selettivo**
sensitive . . . . sensitivo *(meaning "perceptive")*
speculative . . . . speculativo
subjective . . . . **soggettivo**
subtractive . . . . sottrattivo

subversive. . . . . sovversivo

successive . . . . successivo

suggestive . . . . suggestivo *(also used for "engaging,"*
"charming")

superlative . . . . superlativo

suppresive . . . . soppressivo

tentative . . . . tentativo *(only a noun, meaning*
"attempt")

transgressive. . . . . trasgressivo

transitive. . . . . transitivo

unproductive. . . . . improduttivo

vegetative. . . . . vegetativo

16A.

Unite fra loro le parole di significato corrispondente e/o sinonimi.

1. creativo	ottimista
2. positivo	nuovo
3. motivo	causa
4. innovativo	troppo
5. consecutivo	capo
6. eccessivo	sequenza
7. esecutivo	artista

16B.

Leggere e ascoltare il racconto. Rispondere alle seguenti domande.

Gianni trova la Sicilia assolutamente affascinante. Aveva sentito (he had heard) **molte cose negative sulla Sicilia, ma lui vede una regione creativa e produttiva. Anche Francesca ha un'impressione positiva della Sicilia. Prima di partire, Gianni vuole andare a trovare il paesino** (tiny town) **dove è nato suo nonno, Giovanni. - Un buon motivo per andarci, - dice Francesca. Vanno a Montalbano, un paesino poco attivo ma molto accogliente** (welcoming). **Passano lì due giorni.**

1. Che cosa aveva sentito Gianni della Sicilia?

2. Cosa pensa Gianni della Sicilia?

3. Che impressione ha Francesca della Sicilia?

4. Com'è il paesino di Montalbano?

5. Quanti giorni passano lì?

-ment/-mento

English words ending in "–ment" often correspond to "–mento" in Italian.

Italian words ending in "–mento" are usually masculine nouns. For example,

a document = *un documento*

ENGLISH . . . . ITALIAN

All words and phrases in bold are on **Track 17** *of the accompanying CD.*

abandonment . . . . abbandonamento *(more commonly "abbandono")*

accompaniment. . . . . accompagnamento

adjustment . . . . aggiustamento

admonishment. . . . . ammonimento

adornment . . . . adornamento

advancement . . . . avanzamento

alignment . . . . allineamento

amendment. . . . . emendamento

apartment . . . . **appartamento**
  "He/she has a very   **- Ha un appartamento**
  large apartment.". . . . . **molto grande. -**

appointment . . . . appuntamento *(also used for "romantic date")*

argument . . . . argomento *(meaning "subject," "topic")*

armament. . . . . armamento

assortment . . . . assortimento

attachment . . . . attaccamento *(only used for feelings)*

augment. . . . . aumento

basement . . . . basamento *(meaning "base," "foundation")*

bombardment	bombardamento
cement	**cemento**
commandment	comandamento
comment	commento
compartment	compartimento
complement	complemento
compliment	complimento
comportment	**comportamento**
condiment	condimento
conferment	conferimento
congealment	congelamento
constrainment	costringimento
containment	contenimento
contentment	accontentamento
deferment	differimento
department	**dipartimento**
"He/she teaches in the	**- Insegna nel**
Italian Department."	**dipartimento di italiano. -**
derailment	deragliamento
detriment	detrimento
discernment	discernimento
discouragement	scoraggiamento
dismantlement	smantellamento
dismemberment	smembramento
document	**documento**
element	**elemento**
embarrassment	imbarazzamento *(more commonly "imbarazzo")*
embellishment	abbellimento
encouragement	incoraggiamento
engagement	ingaggiamento
engulfment	ingolfamento
enlargement	allargamento

enrichment . . . . arricchimento
entertainment . . . . intrattenimento
entrapment . . . . intrappolamento
equipment . . . . equipaggiamento
establishment . . . . stabilimento
excitement . . . . eccitamento
excrement . . . . escremento
experiment . . . . esperimento

ferment . . . . fermento *(only a noun)*
filament . . . . filamento
firmament . . . . firmamento
fragment . . . . **frammento**

impediment . . . . impedimento
implement . . . . implemento
impoverishment . . . . impoverimento
imprisonment . . . . imprigionamento
incitement . . . . incitamento
increment . . . . incremento
instrument . . . . **strumento**
　　"They play a　　　　　　　 **- Suonano qualche**
　　few instruments." . . . . **strumento musicale. -**
internment . . . . internamento
investment . . . . investimento

lament . . . . lamento
ligament . . . . legamento

maltreatment . . . . maltrattamento
microelement . . . . microelemento
moment . . . . **momento**
monument . . . . **monumento**
movement . . . . movimento

obtainment . . . . ottenimento

ornament . . . . **ornamento**

parliament . . . . parlamento
pavement . . . . pavimento *(meaning "floor")*
payment . . . . pagamento
pigment . . . . pigmento
placement . . . . piazzamento
prepayment . . . . prepagamento
presentiment . . . . presentimento

reattachment . . . . riattacamento
recruitment . . . . reclutamento
reestablishment . . . . ristabilimento
refinement . . . . raffinamento
regiment . . . . reggimento
reinforcement . . . . rafforzamento
reinvestment . . . . reinvestimento
resentment . . . . risentimento
resignment . . . . rassegnamento
rudiment . . . . rudimento

sacrament . . . . sacramento
sediment . . . . sedimento
segment . . . . **segmento**
sentiment . . . . sentimento
supplement . . . . supplemento
sustainment . . . . sostenimento

temperament . . . . temperamento
testament . . . . testamento
torment . . . . tormento
treatment . . . . trattamento

17A.

Unite fra loro le parole di significato corrispondente e/o sinonimi.

1. segmento	casa
2. momento	soldi
3. monumento	carte
4. appartamento	parte
5. investimento	statua
6. complimento	attimo
7. documento	apprezzare

17B.

Leggere e ascoltare il racconto. Rispondere alle seguenti domande.

Durante il loro ritorno sul continente (return to the mainland) **l'argomento di discussione è se andare a Bari o no. Lo zio di Francesca abita là e lui ha un appartamento per loro. Lui è professore nel dipartimento di Finanza all'Università di Bari. Il problema è che lui ha sempre qualche commento** (always has a comment) **sul loro comportamento. Lui è molto formale e non fa mai un complimento. Gianni non vuole andare perché pensa che sarà un tormento. Francesca dice: - Dai, Gianni, fammi questo favore** (do me this favor) **e dopo andiamo dove vuoi tu! - Per un momento Gianni vorrebbe dire di no, ma alla fine dice: - Va bene bella, andiamo a Bari. -**

1. Qual è l'argomento di discussione durante il loro ritorno sul continente?

2. Dove abita lo zio di Francesca?

3. Cosa fa suo zio?

4. Perché Gianni non vuole andare dallo zio di Francesca?

5. Alla fine decidono di andare a Bari o no?

-or/-ore

English words ending in "–or" often correspond to "–ore" in Italian.

Italian words ending in "–ore" are usually masculine nouns. For example,

a motor = *un motore*

ENGLISH . . . . ITALIAN

All words and phrases in bold are on Track 18 of the accompanying CD.

English	Italian
accelerator	acceleratore
accumulator	accumulatore
actor	**attore**
"He is a good actor."	- **È un bravo attore.** -
adaptor	adattore
adjustor	aggiustatore
administrator	amministratore
adulterator	adulteratore
aggressor	aggressore
agitator	agitatore
alligator	alligatore
alternator	alternatore
ambassador	ambasciatore
animator	animatore
anterior	anteriore
anticipator	anticipatore
applicator	applicatore
arbitrator	arbitratore
aspirator	aspiratore
author	**autore**
aviator	aviatore

benefactor . . . . benefattore

calculator . . . . calcolatore
calibrator . . . . calibratore
candor . . . . candore *(also used for "innocence")*
cantor . . . . cantore
carburator . . . . carburatore
censor . . . . censore
clamor . . . . clamore
co-editor . . . . coeditore
collaborator . . . . collaboratore
collector . . . . collettore
color . . . . **colore**
commentator . . . . commentatore
communicator . . . . comunicatore
compactor . . . . compattore
compensator . . . . compensatore
competitor . . . . competitore
conquistador . . . . conquistatore
conductor . . . . conduttore *(for music, use*
                                      "direttore d'orchestra")
confessor . . . . confessore
connector . . . . connettore
consolidator . . . . consolidatore
conspirator . . . . cospiratore
contaminator . . . . contaminatore
contractor . . . . contrattatore
contributor . . . . contributore
cooperator . . . . cooperatore
coordinator . . . . coordinatore
corruptor . . . . corruttore
creator . . . . **creatore**
creditor . . . . creditore
cultivator . . . . coltivatore
curator . . . . curatore
cursor . . . . cursore

debtor	debitore
decorator	decoratore
deliberator	deliberatore
demonstrator	dimostratore *(for political demonstrations, use "manifestante")*
denigrator	denigratore
descriptor	descrittore
detonator	detonatore
detractor	detrattore
devastator	devastatore
dictator	**dittatore**
director	**direttore** *(for movies, use "regista")*
discriminator	discriminatore
disfavor	sfavore
dishonor	disonore
dissector	dissettore
distributor	distributore *(also used for "gas station")*
divisor	divisore
doctor	**dottore** *(also used for any university graduate)*
dolor	dolore *(meaning "pain")*
donator	donatore
editor	editore *(meaning "publisher")*
educator	educatore
elaborator	elaboratore
elector	elettore
emperor	imperatore
equator	equatore
error	**errore**
evacuator	evacuatore
evaporator	evaporatore
exaggerator	esageratore
excavator	escavatore
executor	esecutore
exterior	**esteriore**

exterminator . . . . sterminatore

fabricator . . . . fabbricatore
factor . . . . fattore
favor . . . . **favore**
    "Could you do me a favor?" . . . - **Mi potrebbe fare un favore?** -
fervor . . . . fervore
fumigator . . . . fumigatore
furor . . . . furore

generator . . . . generatore
gladiator . . . . gladiatore
governor . . . . governatore
granulator . . . . granulatore

honor . . . . onore
horror . . . . **orrore**
humor . . . . umore *(also used for "mood" or "temper"*

illuminator . . . . illuminatore
illustrator . . . . illustratore
imitator . . . . imitatore
impostor . . . . impostore
improvisor . . . . improvvisatore
incinerator . . . . inceneritore
incisor . . . . incisore
indicator . . . . indicatore
infector . . . . infettatore
inferior . . . . **inferiore** *(also used for "lower")*
inhibitor . . . . inibitore
initiator . . . . iniziatore
innovator . . . . **innovatore**
    "He is a true innovator." . . . . - **Lui è un vero innovatore.** -
inquisitor . . . . inquisitore
inspector . . . . ispettore
instigator . . . . istigatore

instructor . . . . istruttore
integrator . . . . integratore
interior . . . . **interiore**
interlocutor . . . . interlocutore
interrogator . . . . interrogatore
interruptor . . . . interruttore *(also used for "electrical*
switch")
intimidator . . . . intimidatore
inventor . . . . **inventore**
investigator . . . . investigatore
investor . . . . investitore

laminator . . . . laminatore
languor . . . . languore
legislator . . . . legislatore
liberator . . . . liberatore
liquor . . . . liquore
lubricator . . . . lubrificatore

major . . . . maggiore *(also used for "larger,"*
or "older")
manipulator . . . . manipolatore
mediator . . . . mediatore
mentor . . . . mentore
minor . . . . minore *(also used for "smaller,"*
or "younger")
mitigator . . . . mitigatore
moderator . . . . moderatore
motor . . . . **motore**
multicolor . . . . multicolore

narrator . . . . narratore
navigator . . . . navigatore
negator . . . . negatore
negotiator . . . . negoziatore

odor . . . . **odore** *(also used for "scent")*
operator . . . . operatore
oppressor . . . . oppressore
orator . . . . oratore
originator . . . . originatore

pallor . . . . pallore
participator . . . . partecipatore
pastor . . . . pastore
percolator . . . . percolatore
perpetrator . . . . perpetratore
persecutor . . . . persecutore
possessor . . . . possessore
posterior . . . . posteriore
precipitator . . . . precipitatore
precursor . . . . precursore
predator . . . . predatore
predecessor . . . . predecessore
processor . . . . processore
procreator . . . . procreatore
professor . . . . **professore** *(also used for "teacher")*
projector . . . . proiettore
propagator . . . . propagatore
prosecutor . . . . prosecutore
protector . . . . **protettore**

radiator . . . . radiatore
rancor . . . . rancore
reactor . . . . reattore
receptor . . . . ricettore
rector . . . . rettore
reflector . . . . riflettore
refrigerator . . . . refrigeratore *(more commonly "frigo")*
regulator . . . . regolatore
repressor . . . . repressore
respirator . . . . respiratore

resuscitator . . . . risuscitatore

rigor . . . . rigore

rumor . . . . rumore *(meaning "noise")*

savior. . . . . salvatore

sculptor . . . . scultore

sector. . . . . settore

selector . . . . selettore

semiconductor. . . . . semiconduttore

senator. . . . . **senatore**

    "The senator arrived." . . . . . - **È arrivato il senatore.** -

sensor . . . . sensore

separator . . . . separatore

simulator . . . . simulatore

spectator . . . . spettatore

speculator. . . . . speculatore

splendor. . . . . splendore

squalor. . . . . squallore

stimulator . . . . stimolatore

stupor . . . . stupore *(also used for "amazement")*

successor . . . . successore

superior . . . . superiore *(also used for "upper")*

supervisor. . . . . supervisore

tenor . . . . tenore

terminator. . . . . sterminatore

terror . . . . **terrore**

tormentor . . . . tormentatore

torpor. . . . . torpore

tractor . . . . trattore

traitor. . . . . traditore

transgressor . . . . trasgressore

transistor . . . . transistore

tremor . . . . tremore

tricolor. . . . . tricolore

tumor. . . . . **tumore**

    "It's not a tumor." . . . . - **Non è un tumore.** -

tutor . . . . tutore *(meaning "guardian")*

ulterior . . . . ulteriore *(meaning "further")*

valor . . . . valore

vapor . . . . **vapore** *(also used for "steam")*

vector. . . . . vettore

vendor . . . . venditore

ventilator . . . . ventilatore *(meaning "electrical fan")*

vibrator . . . . vibratore

vigor . . . . vigore

violator. . . . . violatore

visitor. . . . . visitatore

visor . . . . visore

18A.

Unite fra loro le parole di significato corrispondente e/o sinonimi.

1. motore	politica
2. favore	rosso
3. senatore	lezione
4. colore	paura
5. superiore	maggiore
6. professore	cortesia
7. terrore	macchina

18B.

Leggere e ascoltare il racconto. Rispondere alle seguenti domande.

Appena arrivano a Bari, lo zio gli dice che ci sarà una festa (there will be a party) **a casa sua quella sera. Francesca nota subito il <u>terrore</u> sulla faccia di Gianni. Quando sono da soli Gianni dice: - Che <u>errore</u> venire qua! Fammi un <u>favore</u> e dimmi che non devo andare a questa festa! - Francesca non risponde nemmeno** (doesn't even answer) **e Gianni capisce che deve andarci. La "festa" è una prova molto difficile per Gianni. Ogni due minuti lo zio dice: - Quell'uomo è un <u>dottore</u>, quello lì è un <u>professore</u>, l'altro è un <u>inventore</u>. - Per un attimo** (for a split second) **Gianni è stato interessato quando lo zio ha detto: - Il <u>senatore</u> sta arrivando con un <u>attore</u> molto famoso. - Ma l'<u>attore</u> non era famoso e il <u>senatore</u> era molto, molto vecchio.**

1. Cosa nota Francesca sulla faccia di Gianni?

2. Cosa dice Gianni della decisione di andare a Bari?

3. Cosa dice lo zio alla festa?

4. L'attore era famoso?

5. Il senatore era giovane?

Chapter 19

English words ending in "–ory" generally correspond to "–orio" in Italian.

Italian words ending in "–orio" are usually adjectives or masculine nouns. For example,

> contradictory (adj.) = *contraddittorio*
> laboratory (n.) = *il laboratorio*

ENGLISH . . . . ITALIAN

All words and phrases in bold are on **Track 19** *of the accompanying CD.*

accessory . . . . **accessorio**
  "My mother bought   **- Mia madre ha comprato**
    some accessories." . . . . **qualche accessorio. -**
accusatory . . . . accusatorio
ambulatory . . . . ambulatorio

combinatory . . . . combinatorio
compensatory . . . . compensatorio
conservatory . . . . conservatorio
contradictory . . . . **contraddittorio**
crematory . . . . crematorio

derisory . . . . derisorio
derogatory . . . . derogatorio
discriminatory . . . . discriminatorio
dormitory . . . . dormitorio

illusory . . . . illusorio
introductory . . . . introduttorio *(more commonly "introduttivo")*

laboratory . . . . **laboratorio**
    "We work in the laboratory." . . **- Lavoriamo nel laboratorio. -**

manipulatory. . . . . manipolatorio

obligatory . . . . **obbligatorio**
observatory . . . . osservatorio
oratory. . . . . oratorio

peremptory. . . . . perentorio
predatory . . . . predatorio
preparatory . . . . preparatorio
promissory . . . . promissorio
promontory. . . . . promontorio
provisory . . . . provvisorio
purgatory. . . . . **purgatorio**
    "Dante wrote about   **- Dante ha scritto sul**
      purgatory." . . . . **purgatorio. -**

reformatory. . . . . riformatorio
repertory . . . . repertorio
repository. . . . . repositorio
respiratory . . . . respiratorio

sensory . . . . sensorio
suppository. . . . . suppositorio

territory . . . . **territorio**
transitory . . . . transitorio

19A.

Unite fra loro le parole di significato corrispondente e/o sinonimi.

1. territorio	esperimenti
2. osservatorio	insulto
3. dormitorio	paradiso
4. laboratorio	contrario
5. purgatorio	letto
6. derogatorio	zona
7. contraddittorio	telescopio

19B.

Leggere e ascoltare il racconto. Rispondere alle seguenti domande.

Gianni è molto contento quando finalmente partono da Bari per Perugia. Dice: - Avrei preferito (I'd have preferred) **un <u>dormitorio</u> pubblico! - Francesca ammette che era un - <u>territorio</u> - strano. Gianni dice: - Ma che stai dicendo! Era peggio del <u>purgatorio</u>! - Francesca risponde: - Ma non sei dovuto venire** (you didn't have to come)**, non era <u>obbligatorio</u>! - Gianni ride a quel commento <u>contraddittorio</u> ma non replica. Gianni dice: - Allora tu mi devi** (you owe me) **un favore, vero? - Francesca risponde: - Vediamo.... -**

1. Dove vanno dopo Bari?

2. Che cosa avrebbe preferito Gianni?

3. Gianni dice che la festa era peggio di che cosa?

4. È vero che la sua presenza non era obbligatoria?

5. Cosa replica Gianni all'ultimo commento contraddittorio di Francesca?

-ous/-oso

English words ending in "–ous" generally correspond to "–oso" in Italian.

Italian words ending in "–oso" are usually adjectives. For example,

a <u>famous</u> actor = *un attore <u>famoso</u>*

ENGLISH . . . . ITALIAN

All words and phrases in bold are on **Track 20** *of the accompanying CD.*

advantageous . . . . vantaggioso
adventurous . . . . avventuroso
ambitious . . . . **ambizioso**
amorous . . . . amoroso
antireligious . . . . antireligioso
anxious . . . . ansioso *(also used for "nervous")*
aqueous . . . . acquoso

calumnious . . . . calunnioso
cancerous . . . . canceroso
capricious . . . . capriccioso
cavernous . . . . cavernoso
clamorous . . . . clamoroso
conscientious . . . . coscienzioso
contagious . . . . contagioso
contentious . . . . contenzioso
copious . . . . copioso
courageous . . . . coraggioso
curious . . . . **curioso**

decorous . . . . decoroso
delicious . . . . **delizioso**
      "The dinner was delicious." . . . . **- La cena era deliziosa. -**

desirous	desideroso
disadvantageous	svantaggioso
disastrous	**disastroso**
dolorous	doloroso
dubious	dubbioso
envious	invidioso
fabulous	favoloso
famous	famoso
fastidious	fastidioso *(meaning "irritating," "annoying")*
ferrous	ferroso
fibrous	fibroso
furious	**furioso**
gaseous	gassoso
gelatinous	gelatinoso
generous	**generoso**
"What a generous contribution."	**- Che contribuzione generosa. -**
glorious	glorioso
gracious	grazioso *(also used for "pretty," or "charming")*
harmonious	armonioso
hazardous	azzardoso *(meaning "reckless," or "rash")*
imperious	imperioso
impetuous	impetuoso
incestuous	incestuoso
industrious	industrioso
ingenious	ingegnoso
insidious	insidioso
invidious	invidioso

jealous . . . . geloso
joyous . . . . gioioso
judicious . . . . giudizioso

laborious . . . . laborioso
litigious . . . . litigioso
luminous . . . . luminoso
luscious . . . . lussuoso *(meaning "luxurious,"*
"elegant")

malicious . . . . malizioso *(also used for "mischievous")*
marvelous . . . . meraviglioso
melodious . . . . melodioso
meticulous . . . . meticoloso
miraculous . . . . miracoloso
monstrous . . . . mostruoso
mountainous . . . . montagnoso
mysterious . . . . **misterioso**
   "You behave in a   **- Ti comporti in**
   mysterious way." . . . . **modo misterioso. -**

nauseous . . . . nauseoso *(more commonly "nauseante")*
nebulous . . . . nebuloso
nervous . . . . **nervoso**
numerous . . . . numeroso

obsequious . . . . ossequioso
odious . . . . odioso
odorous . . . . odoroso
onerous . . . . oneroso
outrageous . . . . oltraggioso *(also used for "insulting,"*
"offensive")

perilous . . . . pericoloso
pernicious . . . . pernicioso
pompous . . . . pomposo

ponderous	ponderoso
populous	popoloso
porous	poroso
portentous	portentoso
precious	**prezioso**
prestigious	**prestigioso**
presumptuous	presuntuoso
pretentious	pretenzioso
prodigious	prodigioso
prosperous	prosperoso
rancorous	rancoroso
religious	**religioso**
rigorous	rigoroso
ruinous	rovinoso
scandalous	**scandaloso**

"The entire case is scandalous." . . . - **L'intero caso è scandaloso.** -

scrupulous	scrupoloso
seditious	sedizioso
semiprecious	semiprezioso
sensuous	sensuoso *(more commonly "sensuale")*
sententious	sentenzioso
serious	serioso *(more commonly "serio")*
sinuous	sinuoso
spacious	**spazioso**
studious	studioso
sulfurous	solforoso
sumptuous	suntuoso
superstitious	superstizioso
suspicious	sospettoso
tedious	tedioso
tortuous	**tortuoso**
tumultuous	tumultuoso

vaporous . . . . vaporoso

vicious   . . . . vizioso *(also used for*
"corrupt,"
"depraved")

victorious . . . . vittorioso

vigorous . . . . vigoroso

virtuous . . . . **virtuoso**

viscous . . . . viscoso

voluminous . . . . voluminoso

voluptuous . . . . voluttuoso

20A.

Unite fra loro le parole di significato corrispondente e/o sinonimi.

1. famoso	buono
2. misterioso	terramoto
3. disastroso	gioiello
4. spazioso	enigma
5. furioso	ampio
6. delizioso	arrabbiato
7. prezioso	celebrità

20B.

Leggere e ascoltare il racconto. Rispondere alle seguenti domande.

Dopo la visita <u>disastrosa</u> a Bari, i due viaggiatori sono pronti per (are ready for) **un weekend <u>ambizioso</u> a Perugia. Francesca sa che questo posto è <u>famoso</u> per i cioccolatini <u>deliziosi</u>, ma non sa molto di più della città. Anche Gianni è molto <u>curioso</u> di visitare Perugia. Un amico suo gli ha detto** (told him) **che questa città ha un aspetto <u>misterioso</u>. All'Università di Perugia, c'è un <u>famoso</u> programma di studio per le lingue straniere, e Francesca dice che chiunque** (whoever) **studi all'estero deve essere <u>coraggioso</u>. Stanno in un hotel molto <u>spazioso</u> e si trovano molto bene lì. Prima di partire per Siena Francesca dice: - Mi piace molto Perugia, ma non è un posto <u>misterioso</u>—forse il tuo amico è un tipo <u>nervoso</u>! -**

1. Che tipo di weekend vogliono passare a Perugia?

2. Perché è famosa Perugia?

3. Che cosa ha detto l'amico di Gianni di questa città?

4. Qual è il programma famoso all'Università di Perugia?

5. Com'è il loro hotel?

-sion/-sione

English words ending in "–sion" generally correspond to "–sione" in Italian.

Italian words ending in "–sione" are usually feminine nouns. For example,

an explosion = *un'esplosione*

ENGLISH . . . . ITALIAN

abrasion. . . . . abrasione
adhesion . . . . adesione
admission. . . . . ammissione
aggression . . . . aggressione
allusion . . . . allusione
apprehension . . . . apprensione
ascension . . . . ascensione
aversion. . . . . avversione

circumcision . . . . circoncisione
cohesion. . . . . coesione
collision . . . . **collisione**
collusion. . . . . collusione
commission . . . . commissione *(also used for "errand")*
compassion . . . . compassione
comprehension . . . . **comprensione**
    "There is no comprehension." . . - **Non c'è nessuna comprensione.** -
compression . . . . compressione
compulsion . . . . compulsione
concession . . . . concessione
conclusion. . . . . **conclusione**
confession . . . . confessione

confusion	**confusione**
contusion	contusione
conversion	conversione
convulsion	convulsione
corrosion	corrosione
decision	**decisione**
"We have to make	- **Dobbiamo prendere**
a decision."	**una decisione.** -
decompression	decompressione
delusion	delusione *(meaning "disappointment")*
depression	depressione
derision	derisione
diffusion	diffusione
digression	digressione
dimension	**dimensione**
discussion	discussione *(also used for "argument")*
disillusion	disillusione
dispersion	dispersione
dissuasion	dissuasione
distention	distensione
diversion	diversione *(only used in a military context)*
division	**divisione**
elision	elisione
emission	emissione
erosion	erosione
evasion	evasione *(meaning "escape," or "breakout")*
exclusion	esclusione
excursion	escursione
expansion	espansione
explosion	**esplosione**
expression	**espressione**
expulsion	espulsione

extension . . . . estensione

extroversion . . . . estroversione

fission . . . . fissione

fusion. . . . . fusione *(also used for "merger")*

hyperextension . . . . iperestensione

hypertension . . . . ipertensione

illusion . . . . illusione

immersion. . . . . immersione

implosion . . . . implosione

imprecision. . . . . imprecisione

impression . . . . **impressione**

incision . . . . incisione

inclusion. . . . . inclusione

incomprehension . . . . incomprensione

indecision. . . . . indecisione

infusion . . . . infusione

intermission. . . . . intermissione *(for shows/ theater,*
                 use "intervallo")

introversion. . . . . introversione

intrusion . . . . intrusione

invasion . . . . invasione

inversion. . . . . inversione

lesion. . . . . lesione

mission. . . . . **missione**

obsession . . . . ossessione

occasion. . . . . occasione *(also used for "opportunity,"*
                or "chance")

occlusion . . . . occlusione

omission. . . . . omissione

oppression . . . . oppressione

passion . . . . **passione**

    "I have a passion for Italian." . . - **Ho una passione per l'italiano.** -

pension . . . . pensione *(also used for "small hotel")*

percussion . . . . percussione

persuasion . . . . persuasione

perversion . . . . perversione

possession . . . . possessione

precision. . . . . **precisione**

preclusion. . . . . preclusione

pretension. . . . . pretensione

prevision . . . . previsione *(meaning "forecast")*

procession . . . . processione

profession. . . . . **professione**

profusion . . . . profusione

progression. . . . . progressione

propulsion . . . . propulsione

provision . . . . provvisione

recession . . . . recessione

regression. . . . . regressione

reprehension. . . . . riprensione

repression. . . . . repressione

repulsion . . . . repulsione

revision . . . . revisione

revulsion. . . . . revulsione *(only used in a medical context)*

secession . . . . secessione

session . . . . **sessione**

subdivision . . . . suddivisione

submersion . . . . sommersione

submission . . . . sottomissione *(only used for "yielding")*

subversion . . . . sovversione

succession . . . . successione

supervision . . . . supervisione

suppression. . . . . soppressione

suspension . . . . sospensione

television . . . . **televisione**
    "I can't turn on   **- Non posso accendere**
    the television." . . . . **la televisione. -**
tension . . . . **tensione**
transfusion . . . . trasfusione
transgression. . . . . trasgressione
transmission . . . . trasmissione

version . . . . versione
vision . . . . **visione**

21A.

Unite fra loro le parole di significato corrispondente e/o sinonimi.

1. esplosione	bomba
2. confusione	amore
3. missione	finire
4. televisione	dettaglio
5. passione	obiettivo
6. precisione	caos
7. conclusione	programma

21B.

Leggere e ascoltare il racconto. Rispondere alle seguenti domande.

Appena arrivano a Siena, Francesca dichiara: - Noi abbiamo una <u>missione</u> chiara qui a Siena—tu sai che la ceramica è una mia <u>passione</u>, vero? Allora io devo trovare un piatto di ceramica per la mia collezione. - Gianni dice: - Va bene, ma forse lo possiamo trovare (maybe we can find it) a Venezia? - Francesca insiste: - NO, la mia <u>decisione</u> è finale. Voglio un piatto di Siena. - Gianni ha <u>l'impressione</u> che Francesca non stia scherzando e lui si dedica alla - <u>missione</u> del piatto. - Dopo un pranzo favoloso in Piazza del Campo, loro incominciano la caccia (the hunt). All'inizio fanno un po' di <u>confusione</u> con tutte le stradine e vicoletti (little streets and alleys) ma alla fine c'è una <u>conclusione</u> lieta—Francesca trova il suo piatto.

1. Qual è la missione di Francesca?

2. Perché vuole questo piatto?

3. Cosa dice Francesca della sua decisione?

4. Che impressione ha Gianni di Francesca?

5. Perché fanno un po' di confusione all'inizio?

English words ending in "–sis" generally correspond to "–si" in Italian.

Italian words ending in "–si" are usually feminine nouns. For example,

a crisis = *una crisi*

ENGLISH . . . . ITALIAN

*All words and phrases in bold are on **Track 22** of the accompanying CD.*

analysis . . . . **analisi**
antithesis . . . . antitesi

biogenesis . . . . biogenesi

catalysis . . . . catalisi
catharsis . . . . catarsi
cirrhosis . . . . cirrosi
crisis . . . . **crisi**

diagnosis . . . . diagnosi
dialysis. . . . . **dialisi**

electrolysis . . . . elettrolisi
emphasis . . . . **enfasi**
   "There's no emphasis   - **Non c'è enfasi**
    in your words!" . . . . **nelle tue parole!** -

fibrosis . . . . fibrosi

genesis. . . . . **genesi**

halitosis	alitosi
hematosis	ematosi
hydrolysis	idrolisi
hypnosis	**ipnosi**
hypothesis	**ipotesi**
macroanalysis	macroanalisi
metamorphosis	**metamorfosi**
"There was a real	**- C'è stata una vera**
metamorphosis."	**metamorfosi. -**
metastasis	metastasi
microanalysis	microanalisi
mitosis	mitosi
mononucleosis	mononucleosi
nemesis	nemesi
neurosis	neurosi
oasis	oasi
osmosis	osmosi
osteoporosis	osteoporosi
paralysis	paralisi
parenthesis	parentesi
photosynthesis	fotosintesi
prognosis	prognosi
psoriasis	psoriasi
psychoanalysis	psicoanalisi
psychosis	psicosi *(also used for "terror," "fear")*
sclerosis	sclerosi
scoliosis	scoliosi
self-analysis	autoanalisi
self-diagnosis	autodiagnosi
self-hypnosis	autoipnosi
synapsis	sinapsi

INSTANT Italian Vocabulary Builder

synopsis . . . . sinopsi
synthesis . . . . sintesi

thesis . . . . **tesi**
 "She is writing her thesis." . . . . - **Lei scrive la tesi.** -
tuberculosis . . . . tubercolosi

22A.

Unite fra loro le parole di significato corrispondente e/o sinonimi.

1. crisi	difficoltà
2. enfasi	opposto
3. tesi	immobile
4. genesi	sottolineare
5. antitesi	sintomi
6. paralisi	dissertazione
7. diagnosi	formazione

22B.

Leggere e ascoltare il racconto. Rispondere alle seguenti domande.

Destinazione: Firenze! Gianni e Francesca già conoscono (already know) **Firenze abbastanza bene, allora non mettono molta _enfasi_ sul giro turistico. Invece vanno a trovare un cugino di Gianni che studia a Firenze. Si chiama Carlo e studia Economia; scrive la _tesi_ sulla _crisi_ finanziaria del terzo mondo** (of the Third World). **Gianni e Francesca cenano da Carlo ed ascoltano mentre Carlo parla a lungo della sua _analisi_. Carlo dice: - La situazione rappresenta una vera e propria _crisi_. Sfortunatamente non ho una mia _ipotesi_ su come migliorare** (to improve) **la _crisi_, e senza questa _ipotesi_, non ho una _tesi_! - Carlo chiede a Gianni: - Mi puoi aiutare? - Gianni risponde: - Vediamo.... -**

1. Perché non mettono molta enfasi sul giro turistico a Firenze?

2. Su che cosa scrive la tesi Carlo?

3. Secondo Carlo che cosa rappresenta la situazione economica del terzo mondo?

4. Carlo ha una buona ipotesi per la sua tesi?

5. Che cosa chiede Carlo a Gianni?

INSTANT Italian Vocabulary Builder

-tion/-zione

English words that end in "–tion" often correspond to "–zione" in Italian.

Italian words ending in "–zione" are usually feminine nouns. For example,

the station = *la stazione*

ENGLISH . . . . ITALIAN

All words and phrases in bold are on **Track 23** *of the accompanying CD.*

abbreviation . . . . abbreviazione
abdication . . . . abdicazione
aberration . . . . aberrazione
abolition. . . . . abolizione
abomination . . . . abominazione
absolution. . . . . assoluzione
abstraction . . . . astrazione
acceleration . . . . accelerazione
acclamation . . . . acclamazione
acculturation . . . . acculturazione
accumulation . . . . accumulazione
acquisition . . . . acquisizione
action. . . . . **azione** *(also used for "stock share")*
    "There's no action here." . . . . - **Non c'è azione qui.** -
activation . . . . attivazione
addition . . . . addizione
administration . . . . amministrazione
admiration . . . . ammirazione
admonition . . . . ammonizione
adoption . . . . adozione
adoration . . . . adorazione
adulation . . . . adulazione

affiliation . . . . affiliazione
affirmation . . . . affermazione
affliction . . . . afflizione
agitation . . . . agitazione
alienation . . . . alienazione
alliteration . . . . allitterazione
allocation . . . . allocazione
alteration . . . . alterazione
altercation . . . . altercazione
ambition . . . . **ambizione**
amputation . . . . amputazione
animation . . . . animazione
anticipation . . . . anticipazione *(meaning "in advance")*
apparition . . . . apparizione
application . . . . applicazione *(for "application form"*
use "domanda")
appropriation . . . . appropriazione
articulation . . . . articolazione
aspiration . . . . aspirazione
assertion . . . . asserzione
assimilation . . . . assimilazione
association . . . . associazione
assumption . . . . assunzione *(meaning "taking on,"*
or "hiring")
attention . . . . **attenzione** *(also used for "look out!")*
"Don't pay attention!" . . . . . . - **Non fate attenzione!** -
attraction . . . . attrazione
attribution . . . . attribuzione
audition . . . . audizione *(more commonly "provino")*
authentication . . . . autenticazione
authorization . . . . autorizzazione
automation . . . . automazione
aviation . . . . aviazione *(also used for "air force")*

benediction . . . . benedizione
bisection . . . . bisezione

calibration . . . . calibrazione

cancellation . . . . cancellazione

capitalization . . . . capitalizzazione

carbonation . . . . carbonatazione

castration . . . . castrazione

celebration . . . . **celebrazione**

certification. . . . . certificazione

cessation . . . . cessazione

circulation. . . . . circolazione

circumspection . . . . circospezione

citation . . . . citazione *(also used for "quotation")*

civilization . . . . civilizzazione *(more commonly "*civiltà*")*

classification . . . . classificazione

coalition . . . . coalizione

codification. . . . . codificazione

cognition . . . . cognizione

collaboration . . . . collaborazione

collection . . . . **collezione**

   "He/she has a great collection."   **- Ha una bella collezione. -**

colonization . . . . colonizzazione

coloration . . . . colorazione

combination . . . . combinazione

commemoration. . . . . commemorazione

commotion . . . . commozione *(meaning "emotion")*

communication . . . . comunicazione

compensation . . . . compensazione

competition. . . . . competizione

compilation. . . . . compilazione

complication . . . . complicazione

composition . . . . composizione

concentration . . . . concentrazione

conception . . . . concezione

condensation . . . . condensazione

condition . . . . **condizione**

conduction . . . . conduzione

confection . . . . confezione *(meaning "package,"
or "wrapping")*

congratulation . . . . congratulazione

congregation . . . . congregazione

conjugation . . . . coniugazione

conjunction . . . . congiunzione

connotation . . . . connotazione

conservation . . . . conservazione

consideration . . . . considerazione

consolation . . . . consolazione

constellation . . . . costellazione

consternation . . . . costernazione

constipation . . . . costipazione *(meaning "head congestion"*

constitution . . . . costituzione

construction . . . . costruzione

consultation . . . . consultazione

contamination . . . . contaminazione

contemplation . . . . contemplazione

continuation . . . . continuazione

contraction . . . . contrazione

contradiction . . . . contraddizione

contribution . . . . contribuzione

contrition . . . . contrizione

conversation . . . . **conversazione**

conviction . . . . convinzione

cooperation . . . . cooperazione

coordination . . . . **coordinazione**

"We need coordination." . . . . . **- Abbiamo bisogno di
coordinazione. -**

coproduction . . . . coproduzione

coronation . . . . coronazione

corporation . . . . corporazione

correction . . . . correzione

correlation . . . . correlazione

corruption . . . . corruzione

counterreaction . . . . controreazione

creation	creazione
cremation	cremazione
culmination	culminazione
cultivation	coltivazione

damnation	dannazione
debilitation	debilitazione
decapitation	decapitazione
deceleration	decelerazione
deception	decezione
declaration	dichiarazione
decomposition	decomposizione
decoration	decorazione
dedication	dedizione
deduction	deduzione
definition	**definizione**
deflation	deflazione *(only used in an economic context)*
deforestation	deforestazione
deformation	deformazione
dehydration	disidratazione
delegation	delegazione
deliberation	deliberazione *(meaning "resolution")*
demarcation	demarcazione
demolition	demolizione
demonstration	dimostrazione
denomination	denominazione
denotation	denotazione
deportation	deportazione
deprecation	deprecazione
deprivation	deprivazione
description	descrizione
desolation	desolazione
desperation	disperazione
destabilization	destabilizzazione
destination	destinazione

destitution . . . . destituzione *(meaning "dismissal,"*
"discharge")

destruction . . . . **distruzione**
   "There was complete   **- C'era distruzione**
   destruction." . . . . **totale. -**

detention . . . . detenzione
deterioration . . . . deteriorazione
determination . . . . determinazione
detraction . . . . detrazione
devaluation. . . . . devalutazione
devastation . . . . devastazione
deviation . . . . deviazione
devolution. . . . . devoluzione
devotion . . . . devozione
diction . . . . dizione
differentiation . . . . differenziazione
digestion . . . . digestione
dilapidation . . . . dilapidazione
direction . . . . **direzione**
disaffection . . . . disaffezione
discoloration . . . . discolorazione
discretion . . . . discrezione
discrimination . . . . discriminazione
dysfunction . . . . disfunzione
disinfection . . . . disinfettazione
disintegration . . . . disintegrazione
dislocation . . . . dislocazione
disorganization . . . . disorganizzazione
disposition . . . . disposizione
disqualification . . . . squalificazione
dissection . . . . dissezione
dissemination . . . . disseminazione
dissertation . . . . dissertazione
dissipation . . . . dissipazione
distillation . . . . distillazione
distinction . . . . distinzione

distraction. . . . . distrazione
distribution . . . . distribuzione
diversification . . . . diversificazione
documentation . . . . documentazione
domination . . . . dominazione
donation. . . . . donazione
dramatization . . . . drammatizzazione
duplication . . . . duplicazione

edition . . . . **edizione**
education . . . . educazione *(also used for "manners"*
or "upbringing")
ejection . . . . eiezione
elaboration. . . . . elaborazione
election . . . . elezione
electrocution . . . . elettroesecuzione
elevation . . . . elevazione
elimination . . . . eliminazione
elocution . . . . elocuzione
emaciation . . . . emaciazione
emancipation . . . . emancipazione
emigration . . . . emigrazione
emotion . . . . **emozione**
   "Love is a strong emotion." . . . - **L'amore è una forte emozione.** -
emulation . . . . emulazione
enunciation. . . . . enunciazione
equation. . . . . equazione
erection . . . . erezione
erudition. . . . . erudizione
eruption . . . . eruzione
evaluation. . . . . valutazione
evaporation . . . . evaporazione
evolution . . . . evoluzione
exaggeration . . . . **esagerazione**
exasperation. . . . . esasperazione
excavation . . . . escavazione

exception . . . . eccezione

exclamation . . . . esclamazione

excretion . . . . escrezione

execution . . . . esecuzione *(meaning "completion")*

exhibition . . . . esibizione

exhortation . . . . esortazione

expedition . . . . spedizione *(meaning "sending,"*
"shipping")

exploration . . . . esplorazione

exportation . . . . esportazione

exposition. . . . . esposizione

extinction . . . . estinzione

extraction . . . . estrazione

extradition . . . . estradizione

exultation . . . . esultazione

fabrication . . . . fabbricazione *(meaning "manufacturing,"*
"production")

facilitation . . . . facilitazione

falsification . . . . falsificazione

federation. . . . . federazione

fermentation . . . . fermentazione

fertilization . . . . fertilizzazione

fiction . . . . finzione *(meaning "falsity" or "pretense")*

filtration . . . . filtrazione

finalization . . . . finalizzazione

fixation. . . . . fissazione

flotation . . . . flottazione

fluctuation. . . . . fluttuazione

formation . . . . formazione *(also used for "training")*

formulation . . . . formulazione

fossilization. . . . . fossilizzazione

foundation . . . . **fondazione**

fraction . . . . frazione

fragmentation . . . . frammentazione

friction . . . . frizione *(also used for "clutch," of a car)* fruition . . . . fruizione

frustration . . . . frustrazione

fumigation . . . . fumigazione

function . . . . funzione

generalization . . . . generalizzazione

generation . . . . **generazione**

germination . . . . germinazione

gestation . . . . gestazione

globalization . . . . globalizzazione

glorification . . . . glorificazione

gradation . . . . gradazione

graduation . . . . graduazione *(more commonly "laurea,"*
for academic degrees)

gravitation . . . . gravitazione

hallucination . . . . allucinazione

hesitation . . . . esitazione

humiliation . . . . umiliazione

identification . . . . identificazione

ignition . . . . ignizione

illumination . . . . illuminazione

illustration . . . . illustrazione

imagination . . . . immaginazione

imitation . . . . **imitazione**

"It's a horrible imitation." . . . . . **- È una brutta imitazione! -**

immigration . . . . immigrazione

imperfection . . . . imperfezione

implication . . . . implicazione

importation . . . . importazione

improvisation . . . . improvvisazione

inaction . . . . inazione

inauguration . . . . inaugurazione

incarnation . . . . incarnazione

inclination . . . . inclinazione

incrimination. . . . . incriminazione

incubation . . . . incubazione

indication . . . . indicazione

indignation. . . . . indignazione

indiscretion . . . . indiscrezione *(meaning "nosiness"*
or "prying")

induction . . . . induzione

infatuation . . . . infatuazione

infection . . . . infezione

infiltration. . . . . infiltrazione

inflammation. . . . . infiammazione

inflation . . . . inflazione

information. . . . . **informazione**

inhibition . . . . inibizione

initiation. . . . . iniziazione

injection . . . . iniezione

innovation . . . . innovazione

inquisition. . . . . inquisizione

inscription . . . . iscrizione *(also used for "enrollment,"*
"registration")

insemination . . . . inseminazione

insertion . . . . inserzione

inspection. . . . . ispezione

inspiration . . . . ispirazione

installation . . . . installazione

institution . . . . istituzione *(only used for*
"the creating of")

instruction. . . . . istruzione

insurrection. . . . . insurrezione

integration . . . . integrazione

intensification . . . . intensificazione

intention. . . . . **intenzione**

interaction . . . . interazione

interception. . . . . intercettazione

interpretation . . . . interpretazione

interrogation . . . . interrogazione *(also used for "oral test")* interruption . . . . interruzione

intersection . . . . intersezione

intimidation. . . . . intimidazione

intonation . . . . intonazione

intoxication. . . . . intossicazione *(meaning "poisoning")*

introduction. . . . . introduzione

introspection . . . . introspezione

intuition . . . . intuizione

inundation . . . . inondazione

invention . . . . **invenzione**

investigation . . . . investigazione

irrigation . . . . irrigazione

irritation . . . . irritazione *(also used for "rash")*

justification . . . . giustificazione

juxtaposition . . . . giustapposizione

lamination . . . . laminazione

legalization. . . . . legalizzazione

legislation. . . . . legislazione

levitation . . . . levitazione

liberation . . . . liberazione

limitation . . . . limitazione

liposuction . . . . liposuzione

liquidation . . . . liquidazione

locomotion . . . . locomozione

lotion . . . . **lozione**

   "We don't have any   **- Non abbiamo più**

     more lotion." . . . . **la lozione. -**

lubrication . . . . lubrificazione

malediction. . . . . maledizione

malformation. . . . . malformazione

malnutrition. . . . . malnutrizione

manifestation . . . . manifestazione *(also used for "public demonstration")* manipulation . . . . manipolazione

masturbation . . . . masturbazione

maturation . . . . maturazione

medication . . . . medicazione

meditation . . . . meditazione

memorization . . . . memorizzazione

menstruation . . . . mestruazione

mention . . . . menzione

migration . . . . migrazione

mitigation . . . . mitigazione

moderation . . . . moderazione

modification . . . . modificazione

modulation . . . . modulazione

monopolization . . . . monopolizzazione

motion . . . . mozione *(meaning "proposal")*

motivation . . . . motivazione

multiplication . . . . moltiplicazione

mutation . . . . mutazione

narration . . . . narrazione

nation . . . . **nazione**

navigation . . . . navigazione

negation . . . . negazione

negotiation . . . . negoziazione

notation . . . . notazione

notion . . . . nozione

nutrition . . . . nutrizione

objection . . . . obiezione

obligation . . . . obbligazione

observation . . . . osservazione

obstruction . . . . ostruzione

occupation . . . . occupazione

operation . . . . **operazione**

    "She needs an operation." . . . . - **Ha bisogno di un'operazione.** -

opposition . . . . opposizione

option . . . . opzione
oration . . . . orazione
organization . . . . organizzazione
orientation . . . . orientazione *(more commonly*
"orientamento")
ovulation . . . . ovulazione
oxidation . . . . ossidazione

palpitation . . . . palpitazione
participation . . . . partecipazione
partition . . . . partizione
penetration . . . . penetrazione
perception . . . . percezione
perfection . . . . perfezione
perforation . . . . perforazione
perpetuation . . . . perpetuazione
persecution . . . . persecuzione
personalization . . . . personalizzazione
personification . . . . personificazione
perspiration . . . . perspirazione
petition . . . . petizione
population . . . . **popolazione**
portion . . . . porzione
position . . . . **posizione** *(for employment, use "posto")*
"What is his/her position?" . . - **Qual è la sua posizione? -**
postproduction . . . . postproduzione
postulation . . . . postulazione
potion . . . . pozione
precaution . . . . precauzione
precipitation . . . . precipitazione
precondition . . . . precondizione
predestination . . . . predestinazione
prediction . . . . predizione
predilection . . . . predilezione
predisposition . . . . predisposizione *(meaning "arrange-*
ment" or "preparation")

premeditation . . . . premeditazione
premonition . . . . premonizione
preoccupation . . . . **preoccupazione**
preparation . . . . preparazione *(also used for "studies"*
or "training")

preposition . . . . preposizione
prescription. . . . . prescrizione
presentation . . . . presentazione
preservation . . . . preservazione
presumption . . . . presunzione
prevention . . . . prevenzione
privation. . . . . privazione
privatization . . . . privatizzazione
proclamation. . . . . proclamazione
procreation. . . . . procreazione
production . . . . produzione
prohibition . . . . proibizione
projection. . . . . proiezione
proliferation . . . . proliferazione
promotion. . . . . promozione
proportion . . . . proporzione
prosecution. . . . . prosecuzione
prostitution . . . . prostituzione
protection . . . . protezione
provocation . . . . provocazione
publication . . . . pubblicazione
purification . . . . purificazione

qualification . . . . qualificazione
quantification . . . . quantificazione
quotation . . . . quotazione *(meaning "stock value/price"*

radiation . . . . radiazione
ramification . . . . ramificazione
ration. . . . . razione
reaction . . . . **reazione**

reactivation. . . . . riattivazione

realization . . . . realizzazione *(meaning "completion")*

reception . . . . ricezione

recommendation . . . . raccomandazione

reconciliation . . . . riconciliazione

recreation. . . . . ricreazione

recrimination. . . . . recriminazione

reduction . . . . riduzione

reelection . . . . rielezione

reevaluation . . . . rivalutazione

reflection . . . . riflessione

refraction . . . . rifrazione

refrigeration . . . . refrigerazione

registration . . . . registrazione *(meaning "recording")*

regulation. . . . . regolazione

rehabilitation. . . . . riabilitazione

reincarnation . . . . reincarnazione

relation . . . . relazione

reorganization . . . . riorganizzazione

reparation . . . . riparazione

repetition . . . . ripetizione

replication . . . . replicazione

reproduction . . . . riproduzione

reputation. . . . . **reputazione**

"He has a good reputation." . . .- **Ha una buona reputazione.** -

reservation . . . . riservazione *(more commonly "prenotazione")*

resignation . . . . rassegnazione *(only used for feelings; "job resignation" is "dimissioni")*

resolution . . . . risoluzione

respiration . . . . respirazione

restitution . . . . restituzione

restoration . . . . restaurazione *(more commonly "restauro")*

restriction . . . . restrizione
resurrection. . . . . risurrezione
retention. . . . . ritenzione
retraction . . . . retrazione
retribution . . . . retribuzione
revelation . . . . rivelazione
revolution . . . . **rivoluzione**
rotation . . . . rotazione
rumination . . . . ruminazione

sanction . . . . sanzione
satisfaction . . . . **soddisfazione**
saturation . . . . saturazione
secretion. . . . . secrezione
section . . . . sezione
sedation . . . . sedazione
sedition . . . . sedizione
seduction . . . . seduzione
segmentation . . . . segmentazione
segregation . . . . segregazione
selection. . . . . selezione
self-destruction. . . . . autodistruzione
sensation . . . . sensazione
separation . . . . separazione
simplification. . . . . semplificazione
simulation . . . . simulazione
situation . . . . **situazione**
solution . . . . **soluzione**
specialization . . . . specializzazione
specification . . . . specificazione
speculation . . . . speculazione *(meaning "profiteering")*
stabilization . . . . stabilizzazione
stagnation . . . . stagnazione
station . . . . **stazione**
sterilization. . . . . sterilizzazione
stimulation . . . . stimolazione

INSTANT Italian Vocabulary Builder

stipulation. . . . . stipulazione
sublimation. . . . . sublimazione
subordination . . . . subordinazione
subsection. . . . . sottosezione
substitution . . . . sostituzione
subtraction . . . . sottrazione
superstition . . . . superstizione
supposition . . . . supposizione
synchronization. . . . . sincronizzazione

taxation . . . . tassazione
temptation . . . . tentazione
termination . . . . terminazione
tradition . . . . **tradizione**
   "It's a long tradition." . . . . . . **- È una lunga tradizione. -**
transaction . . . . transazione
transcription . . . . trascrizione
transformation. . . . . trasformazione
transition . . . . transizione
trepidation . . . . trepidazione
tribulation. . . . . tribolazione

unification . . . . unificazione
urination. . . . . urinazione

vacillation. . . . . vacillazione
validation . . . . validazione
vaporization . . . . vaporizzazione
variation. . . . . variazione
vegetation . . . . vegetazione
veneration . . . . venerazione
ventilation. . . . . ventilazione
verification . . . . verificazione
vibration. . . . . vibrazione
violation. . . . . violazione
visualization . . . . visualizzazione

vocalization . . . . vocalizzazione
vocation . . . . vocazione
volition . . . . volizione

23A.

Unite fra loro le parole di significato corrispondente e/o sinonimi.

1. informazione	treno
2. soluzione	paese
3. direzione	festa
4. fondazione	notizie
5. stazione	costruzione
6. celebrazione	risposta
7. nazione	a destra

23B.

Leggere e ascoltare il racconto. Rispondere alle seguenti domande.

Alla <u>stazione</u> di Bologna, Gianni e Francesca vedono una pubblicità (a sign) per una grande <u>celebrazione</u> nella piazza principale per quella sera. Leggono le <u>informazioni</u> e capiscono che questa festa sarà grande. Francesca non vuole andare perché non si sente bene (she doesn't feel well). Gianni dice: - Fammi questo favore, per favore! - Francesca vede che la <u>reazione</u> di Gianni è determinata e lei dice: - Va bene, andiamo. - Gianni dice: - Ma che bella <u>celebrazione</u>, è la <u>situazione</u> perfetta per conoscere benissimo questa bella città e la sua cucina (this beautiful city and its food)! - La reazione di Francesca è più calma e lei dice: - Si, ci troviamo in una bella <u>posizione</u> qui. - Alla fine della festa, Gianni è in una <u>condizione</u> di maggior calma e lui dice: - Francesca, ho mangiato e ho bevuto troppo—devo andare a letto! -

1. Dove vedono la pubblicità per la celebrazione?

2. Dove sarà questa festa?

3. Perché è così contento Gianni?

4. Com'è la reazione di Francesca?

5. Alla fine della festa, in che condizione è Gianni?

Chapter 24

Many English words that end in "–ty" correspond to "–tà" in Italian.

(Italian words ending in "–tà" do not change their ending from singular to plural; the same applies to any Italian word that ends with an accented letter.)

Italian words ending in "–tà" are usually feminine nouns. For example,

a necessity = *una necessità*

ENGLISH . . . . ITALIAN

All words and phrases in bold are on **Track 24** *of the accompanying CD.*

ability . . . . abilità
abnormality . . . . anormalità
absurdity . . . . assurdità
acceptability . . . . accettabilità
accessibility . . . . accessibilità
acidity . . . . acidità
activity . . . . **attività**
   "There's not a lot of activity." . . . - **Non c'è molta attività.** -
actuality . . . . attualità *(meaning "current events")*
adaptability . . . . adattabilità
admissibility . . . . ammissibilità
adoptability . . . . adottabilità
adversity . . . . avversità
affinity . . . . affinità
aggressivity . . . . aggressività
agility . . . . agilità
alacrity . . . . alacrità
amorality . . . . amoralità
ambiguity . . . . ambiguità

amenity . . . . amenità
animosity . . . . animosità
annuity. . . . . annualità
anonymity. . . . . anonimità
antigravity . . . . antigravità
antiquity. . . . . antichità
anxiety. . . . . **ansietà**
applicability . . . . applicabilità
aridity . . . . aridità
artificiality . . . . artificialità
atrocity. . . . . atrocità
austerity . . . . austerità
authenticity . . . . autenticità
authority. . . . . autorità

banality . . . . banalità
bisexuality . . . . bisessualità
brevity . . . . brevità
brutality . . . . brutalità

calamity. . . . . calamità
capacity. . . . . capacità
captivity . . . . cattività
casualty . . . . casualità *(meaning "chance", "fortune")*
celebrity. . . . . **celebrità**
 "Tom Cruise is a celebrity." . . . . - **Tom Cruise è una celebrità.** -
centrality . . . . centralità
charity . . . . carità
chastity. . . . . castità
Christianity . . . . cristianità
city . . . . città
civility . . . . civiltà *(also used for "civilization")*
collectivity. . . . . collettività
commodity . . . . comodità *(meaning "comfort")*
communicability . . . . comunicabilità
community . . . . **comunità**

complexity . . . . complessità
complicity . . . . complicità
confidentiality . . . . confidenzialità
conformity . . . . conformità
congeniality . . . . congenialità
connectivity . . . . connettività
continuity . . . . continuità
controllability . . . . controllabilità
conventionality . . . . convenzionalità
cordiality . . . . cordialità
corporality . . . . corporalità
corruptibility . . . . corruttibilità
creativity . . . . **creatività**
credibility . . . . credibilità
cruelty . . . . crudeltà
curability . . . . curabilità
curiosity . . . . **curiosità**
   "Curiosity is important." . . . . . - **La curiosità è importante.** -

debility . . . . debilità
deformity . . . . deformità
density . . . . densità
determinability . . . . determinabilità
difficulty . . . . **difficoltà**
dignity . . . . dignità
disability . . . . disabilità *(more commonly "handicap")*
discontinuity . . . . discontinuità
dishonesty . . . . disonestà
disparity . . . . disparità
diversity . . . . diversità
divinity . . . . divinità
divisibility . . . . divisibilità
duality . . . . dualità

elasticity . . . . elasticità
electricity . . . . **elettricità**

eligibility . . . . eleggibilità

enormity . . . . enormità

entity . . . . entità

equanimity . . . . equanimità

equity . . . . equità

eternity . . . . eternità

ethnicity . . . . etnicità

eventuality . . . . eventualità

exclusivity . . . . esclusività

expressivity . . . . espressività

extremity . . . . estremità

facility . . . . facilità *(meaning "talent" or "ease")*

faculty . . . . facoltà *(only used for "academic*
department," "authority,"
or "mental capacity")

fallibility . . . . fallibilità

falsity . . . . falsità

familiarity . . . . familiarità

fatality . . . . fatalità *(meaning "fate," or "happening*
by chance")

fecundity . . . . fecondità

felicity . . . . felicità

femininity . . . . femminilità

ferocity . . . . ferocità

fertility . . . . fertilità

festivity . . . . festività

fidelity . . . . fedeltà

finality . . . . finalità *(meaning "aim," "objective")*

flexibility . . . . **flessibilità**

   "It's important to have flexibility.". . - **È importante avere flessibilità.** -

formality . . . . formalità

fragility . . . . fragilità

fraternity . . . . confraternita

frugality . . . . frugalità

functionality . . . . funzionalità

INSTANT Italian Vocabulary Builder

futility. . . . . futilità

generality. . . . . generalità
generosity. . . . . **generosità**
governability. . . . . governabilità
gratuity. . . . . gratuità *(meaning "free," "no charge")*
gravity . . . . gravità

heterosexuality . . . . eterosessualità
heredity . . . . eredità
hilarity . . . . ilarità
homogeneity. . . . . omogeneità
homosexuality. . . . . omosessualità
honesty . . . . onestà
hospitality. . . . . ospitalità
hostility. . . . . ostilità
humanity . . . . umanità
humidity. . . . . umidità
humility . . . . umiltà
hyperactivity. . . . . iperattività

identity. . . . . **identità**
immaturity. . . . . immaturità
immensity . . . . immensità
immobility. . . . . immobilità
immortality . . . . immortalità
immunity. . . . . immunità
impartiality . . . . imparzialità
impossibility . . . . **impossibilità**
improbability . . . . improbabilità
impropriety. . . . . improprietà
impurity . . . . impurità
inactivity. . . . . inattività
inanity . . . . inanità
incapacity. . . . . incapacità
incongruity . . . . incongruità

incredulity. . . . . incredulità
indemnity . . . . indennità
indignity. . . . . indegnità
individuality . . . . individualità
inevitability. . . . . inevitabilità
infallibility. . . . . infallibilità
inferiority . . . . inferiorità
infertility. . . . . infertilità
infidelity . . . . infedeltà
infinity . . . . infinità
inflexibility . . . . inflessibilità
ingenuity . . . . ingenuità *(meaning "innocence,"*
"naivete")

iniquity. . . . . iniquità
insensibility. . . . . insensibilità
insincerity. . . . . insincerità
instability . . . . instabilità
insuperability . . . . insuperabilità
integrity . . . . integrità
intensity . . . . **intensità**
intolerability . . . . intollerabilità
invariability. . . . . invariabilità
invincibility . . . . invincibilità
invisibility . . . . invisibilità
irregularity . . . . irregolarità
irresponsibility. . . . . irresponsabilità

legality. . . . . legalità
legibility. . . . . leggibilità
liberty . . . . **libertà**
      "Here is the Statue of Liberty." . . - **Ecco La Statua della Libertà. -**
locality. . . . . località
longevity . . . . longevità
lucidity. . . . . lucidità

magnanimity. . . . . magnanimità

majesty . . . . maestà
maneuverability . . . . manovrabilità
marginality . . . . marginalità
masculinity . . . . mascolinità
maternity . . . . maternità
maturity . . . . maturità
mediocrity . . . . mediocrità
mentality . . . . mentalità
mobility . . . . mobilità
modernity . . . . modernità
morality . . . . moralità
mortality . . . . mortalità
mutability . . . . mutabilità
mutuality . . . . mutualità

nationality . . . . nazionalità
nativity . . . . natività
necessity . . . . **necessità**
    "It's a necessity!" . . . . - **È una necessità!** -
negativity . . . . negatività
neutrality . . . . neutralità
nobility . . . . nobiltà
normality . . . . normalità
notoriety . . . . notorietà
nudity . . . . nudità

obesity . . . . obesità
objectivity . . . . oggettività
obscenity . . . . oscenità
obscurity . . . . oscurità
opportunity . . . . **opportunità**
originality . . . . originalità

parity . . . . parità
partiality . . . . parzialità
particularity . . . . particolarità

passivity . . . . passività
paternity . . . . paternità
peculiarity . . . . peculiarità
permeability . . . . permeabilità
perpetuity . . . . perpetuità
perplexity . . . . perplessità
personality . . . . **personalità**
perversity . . . . perversità
piety . . . . pietà *(meaning "compassion,"*
                                           "sympathy")
plasticity . . . . plasticità
plurality . . . . pluralità
popularity . . . . popolarità
possibility . . . . **possibilità**
    "It's not a possibility." . . . . . . **- Non è una possibilità. -**
posterity . . . . posterità
poverty . . . . povertà
priority . . . . priorità
probability . . . . probabilità
proclivity . . . . proclività
productivity . . . . produttività
profundity . . . . profondità
promiscuity . . . . promiscuità
property . . . . proprietà
prosperity . . . . prosperità
proximity . . . . prossimità
puberty . . . . pubertà
publicity . . . . pubblicità *(also used for "advertising")*
punctuality . . . . puntualità
purity . . . . purità

quality . . . . **qualità**
quantity . . . . **quantità**

rapidity . . . . rapidità
rarity . . . . rarità

rationality . . . . razionalità
reality . . . . realtà
regularity . . . . regolarità
relativity . . . . relatività
respectability . . . . rispettabilità
responsibility . . . . **responsabilità**
rigidity . . . . rigidità

sanctity . . . . santità
sanity . . . . sanità *(meaning "general health")*
scarcity . . . . scarsità
selectivity . . . . selettività
senility . . . . senilità
sensibility . . . . sensibilità *(also used for "sensitiveness")*
sensitivity . . . . sensitività
sensuality . . . . sensualità
serendipity . . . . serendipità
serenity . . . . serenità
severity . . . . severità
sexuality . . . . sessualità
similarity . . . . similarità
simplicity . . . . semplicità
sincerity . . . . sincerità
singularity . . . . singolarità
sobriety . . . . sobrietà
society . . . . società *(also used for "corporation")*
solidarity . . . . solidarietà
solubility . . . . solubilità
sovereignty . . . . sovranità
specialty . . . . **specialità**
   "What is the specialty   **- Qual è la specialità**
   of the house?" . . . . **della casa? -**
spirituality . . . . spiritualità
spontaneity . . . . spontaneità
stability . . . . stabilità
sterility . . . . sterilità

stupidity . . . . stupidità
subjectivity . . . . soggetività
superficiality . . . . superficialità
superiority . . . . superiorità

tangibility . . . . tangibilità
technicality . . . . tecnicalità
temporality . . . . temporalità
tenacity . . . . tenacità *(meaning "hardness,"*
                                              "compactness")

tonality . . . . tonalità
totality . . . . totalità
tranquility . . . . tranquillità
trinity . . . . trinità
triviality . . . . trivialità

ubiquity . . . . ubiquità
unity . . . . unità
university . . . . **università**
utility . . . . utilità *(meaning "usefulness")*

validity . . . . validità
vanity . . . . vanità
variability . . . . variabilità
variety . . . . varietà
velocity . . . . velocità
verity . . . . verità *(meaning "truth")*
versatility . . . . versatilità
virginity . . . . verginità
virility . . . . virilità
virtuality . . . . virtualità
visibility . . . . **visibilità**
vitality . . . . vitalità
vivacity . . . . vivacità
vulgarity . . . . volgarità
vulnerability . . . . vulnerabilità

INSTANT Italian Vocabulary Builder

24A.

Unite fra loro le parole di significato corrispondente e/o sinonimi.

1. università	invenzione
2. creatività	professore
3. quantità	problema
4. difficoltà	attributo
5. necessità	bisogno
6. personalità	chili
7. elettricità	luce

24B.

Leggere e ascoltare il racconto. Rispondere alle seguenti domande.

L'ultima **città** (the last city) **per Gianni e Francesca è Venezia. Francesca è molto entusiasta, dice che Venezia è una città con molta creatività, originalità, ed attività. Gianni dice che gli piace molto la personalità di questo posto. Non hanno molta difficoltà a girare per tutte le strade e i ponti. Venezia è una bella comunità, e loro rimangono lì per quattro giorni. Un giorno Francesca pensa di vedere** (thinks she sees) **una celebrità, Roberto Benigni, ma Gianni dice che è una impossibilità perché Benigni sta girando un film in Svizzera. Prima di tornare a casa, Gianni dice: - Senti Francesca, ho una curiosità** (I have a question)**... possiamo vivere qui a Venezia un giorno? - Francesca risponde: - Sì, sì, ci sono molte possibilità per noi qui. Vediamo.... -**

1. Che cosa dice Francesca di Venezia?

2. Cosa piace a Gianni di questa città?

3. Hanno difficoltà a girare per Venezia?

4. Francesca vede una celebrità?

5. Francesca vuole vivere a Venezia un giorno? Cosa dice?

INSTANT Italian Vocabulary Builder

ANSWER KEY

1A.

1. animale: gatto
2. ideale: perfetto
3. legale: avvocato
4. originale: genuino
5. nazionale: patria
6. fondamentale: base
7. finale: ultimo

1B.

1. Francesca e Gianni sono di Milano.
2. Gianni vuole fare un viaggio internazionale.
3. Francesca vuole fare un viaggio nazionale.
4. Gianni dice che l'idea di Francesca non è originale.
5. Secondo Gianni, lo zio di Francesca è troppo formale.

2A.

1. fragranza: profumo
2. ignoranza: maleducazione
3. distanza: lontano
4. danza: ballare
5. finanza: soldi
6. tolleranza: paziente
7. ambulanza: ospedale

2B.

1. Gianni parla dell'importanza di non spendere molto.
2. Gianni sa che c'è molta distanza da coprire.
3. La perseveranza sarà necessaria.
4. Francesca vuole vedere una danza eseguita a livello professionale.
5. Gianni risponde: - Vediamo…. -

3A.

1. importante: essenziale
2. ristorante: cena
3. elegante: raffinato
4. stimolante: eccitante
5. elefante: animale
6. fragrante: profumo
7. vacante: vuoto

3B.

1. Vanno a Roma.
2. Francesca pensa che i Romani siano (sono) arroganti.
3. Gianni dice che il loro modo di vestire è molto elegante.
4. Gianni dice che la storia di Roma è molto importante.
5. Il ristorante di Andrea si chiama L'Elefante Rosso.

4A.

1. regolare: normale
2. cellulare: telefono
3. particolare: distintivo
4. cardiovascolare: cuore
5. singolare: unico
6. circolare: cerchio
7. polare: pinguino

4B.

1. Vanno ad una lezione di spagnolo mentre sono a Roma.
2. Andrea studia lo spagnolo perchè vuole parlare italiano, spagnolo, ed inglese.
3. Il professore parla di qualche verbo irregolare.
4. I tre amici parlano della differenza tra il singolare ed il plurale in spagnolo.
5. No, Francesca pensa che lo spagnolo sia (è) molto irregolare.

5A.

1. anniversario: celebrazione
2. vocabolario: parole
3. salario: soldi
4. veterinario: animali
5. ordinario: normale
6. leggendario: mito
7. documentario: film

5B.

1. Il loro itinerario per Roma è molto intenso.
2. Francesca vuole comprare un diario.
3. Francesca scrive di tutto (molto/ogni dettaglio) nel suo diario.
4. Gianni dice che il loro ritmo non è normale.
5. Secondo Gianni, non è necessario scrivere ogni dettaglio.

6A.

1. incredibile: tremendo
2. adorabile: molto carino
3. flessibile: piegare
4. responsabile: maturo
5. possibile: forse
6. indispensabile: necessario
7. curabile: malattia

6B.

1. Vanno a Napoli dopo Roma.
2. Francesca pensa che Gianni sia (è) molto irresponsabile.
3. Gianni dice che Francesca è inflessibile.
4. No, Francesca pensa che sia improbabile che tornino a Napoli un giorno.
5. Alla fine Francesca chiede se sarà possibile comprare i biglietti per lo spettacolo a Napoli.

7A.

1. insetto: mosca
2. contratto: patto
3. diretto: lineare
4. conflitto: problema
5. perfetto: impeccabile
6. incorretto: errore
7. aspetto: parte

7B.

1. Hanno preso il treno diretto Roma-Napoli.
2. Francesca pensa che non sia il posto giusto perchè non capisce niente.
3. Non capiscono bene l'italiano a Napoli perché molte persone parlano in dialetto.
4. Il contatto di Gianni si chiama Alfonso.
5. Alfonso è molto spiritoso.

8A.

1. conferenza: riunione
2. scienza: biologia
3. differenza: diverso
4. indifferenza: disinteresse
5. persistenza: insistente
6. violenza: pistola
7. competenza: abile

8B.

1. Alfonso dice che lui e la sua ragazza vanno allo spettacolo di danza domani sera.
2. Secondo Francesca, la persistenza e la diligenza aiutano (molto).
3. Gianni pensa che la danza sarà una bella esperienza.
4. Gianni ha indifferenza per la danza.
5. Gianni chiede scusa per la sua impazienza.

9A.

1. recente: ieri
2. permanente: fisso
3. impaziente: inquieto
4. studente: scuola
5. differente: diverso
6. presidente: capo
7. intelligente: abile

9B.

1. Francesca riceve un messaggio urgente.
2. Suo cugino Gennaro è il presidente di una compagnia farmaceutica.
3. Francesca dice che suo cugino è "differente" (molto competente/ intelligente).
4. Secondo Francesca, Gennaro è molto, molto intelligente.
5. Alla fine Gianni dice: - Va bene, vediamo…. -

10A.

1. trilogia: tre
2. strategia: tattica
3. geologia: terra
4. biologia: vita
5. tecnologia: computer
6. cronologia: tempo
7. radiologia: raggi x

10B

1. Gennaro ha molta energia.
2. No, i ragazzi non hanno nessuna allergia al caffe.
3. Gennaro parla della sua nuova tecnologia.
4. No, Gianni non ha mai studiato radiologia.
5. No, Francesca non studia psicologia.

11A.

1. strategico: tattico
2. artistico: creativo
3. elettronico: stereo
4. traffico: macchine
5. classico: tradizione
6. specifico: determinato
7. generico: indeterminato

11B.

1. Si, c'è molto traffico.
2. Francesca dice: - Sii realistico - perchè il treno è meglio.
3. Visitano qualche museo d'arte.
4. Sorrento è magica di sera.
5. Sorrento sembra una città carismatica.

12A.

1. biografico: personale
2. tipico: normale
3. etico: moralità
4. identico: gemello
5. politico: governo
6. logico: soluzione
7. tecnico: meccanico

12B.

1. Gianni vuole rimanere a Sorrento.
2. Francesca vuole viaggiare in una maniera logica.
3. Si, Francesca è sempre pratica.
4. Francesca dice: - Anche tu vuoi andare in Calabria, vero? -
5. Adesso vanno in Calabria.

13A.

1. rapido: velocità
2. rigido: inflessibile
3. stupido: sciocco
4. splendido: meraviglia
5. arido: deserto
6. acido: limone
7. liquido: acqua

13B.

1. Francesca dice che è un piano stupido.
2. Gianni pensa che sia un piano (un'idea) splendido.
3. Fa caldo (è umido) durante il viaggio.
4. Quando Gianni sta male, Francesca compra un po' di Maalox per lui.
5. Il farmacista dice che deve bere molti liquidi e non mangiare cibo pesante.

14A.

1. ottimismo: positivo
2. terrorismo: violenza
3. comunismo: Karl Marx
4. turismo: viaggio
5. simbolismo: segno
6. impressionismo: pittura
7. femminismo: donne

14B.

1. Si, c'è molto turismo in Calabria.
2. C'è stato il fascismo in Italia durante gli anni 20 e 30.
3. Francesca legge delle influenze del comunismo e del socialismo in Italia.
4. Discutono del patriotismo italiano.
5. Alla fine Gianni dice: - Prendiamo un gelato? -

15A.

1. artista: scultura
2. finalista: competizione
3. lista: elenco
4. idealista: sognare
5. realista: verità
6. turista: passaporto
7. pessimista: negativo

15B.

1. Il ragazzo fa il dentista.
2. Si, i loro nuovi amici viaggiano spesso.
3. Francesca ha una lista di domande.
4. Il dentista è un pessimista e un conformista.
5. L'artista è un'ottimista e un'idealista.

16A.

1. creativo: artista
2. positivo: ottimista
3. motivo: causa
4. innovativo: nuovo
5. consecutivo: sequenza
6. eccessivo: troppo
7. esecutivo: capo

16B.

1. Gianni aveva sentito molte cose negative della Sicilia.
2. Gianni pensa che la Sicilia sia una regione creativa e produttiva.
3. Francesca ha un'impressione positiva della Sicilia.
4. Il paesino di Montalbano è poco attivo ma molto accogliente.
5. Passano lì due giorni.

17A.

1. segmento: parte
2. momento: attimo
3. monumento: statua
4. appartamento: casa
5. investimento: soldi
6. complimento: apprezzare
7. documento: carte

17B.

1. L'argomento di discussione durante il loro ritorno sul continente è se andare a Bari o no.
2. Lo zio di Francesca abita a Bari.
3. Suo zio è professore.
4. Gianni non vuole andare dallo zio di Francesca perchè lui ha sempre qualche commento sul loro comportamento.
5. Alla fine decidono di andare a Bari.

18A.

1. motore: macchina
2. favore: cortesia
3. senatore: politica
4. colore: rosso
5. superiore: maggiore
6. professore: lezione
7. terrore: paura

18B.

1. Francesca nota (il) terrore sulla faccia di Gianni.
2. Gianni dice: - Che errore venire qua! -
3. Lo zio dice: - Quell'uomo è un dottore, quello lì è un professore, l'altro è un inventore. -
4. L'attore non era famoso.
5. Il senatore non era giovane.

19A.

1. territorio: zona
2. osservatorio: telescopio
3. dormitorio: letto
4. laboratorio: esperimenti
5. purgatorio: paradiso
6. derogatorio: insulto
7. contraddittorio: contrario

19B.

1. Dopo Bari vanno a Perugia.
2. Gianni avrebbe preferito un dormitorio pubblico.
3. Gianni dice che la festa era peggio del purgatorio.
4. Non è vero che la sua presenza non era obbligatoria.
5. Gianni non replica all'ultimo commento contraddittorio di Francesca.

20A.

1. famoso: celebrità
2. misterioso: enigma
3. disastroso: terremoto
4. spazioso: ampio
5. furioso: arrabbiato
6. delizioso: buono
7. prezioso: gioiello

20B.

1. Vogliono passare un weekend ambizioso a Perugia.
2. Perugia è famosa per i suoi cioccolatini deliziosi.
3. L'amico di Gianni ha detto che Perugia ha un aspetto misterioso.
4. È il un famoso programma di studio per le lingue straniere.
5. Il loro hotel è molto spazioso.

21A.

1. esplosione: bomba
2. confusione: caos
3. missione: obiettivo
4. televisione: programma
5. passione: amore
6. precisione: dettaglio
7. conclusione: finire

21B.

1. La missione di Francesca è di trovare un piatto di ceramica.
2. Vuole questo piatto per la sua collezione.
3. Francesca dice che la sua decisione è finale.
4. Gianni ha l'impressione che Francesca non stia scherzando.
5. Fanno un po' di confusione all'inizio con le stradine e vicoletti.

22A.

1. crisi: difficoltà
2. enfasi: sottolineare
3. tesi: dissertazione
4. genesi: formazione
5. antitesi: opposto
6. paralisi: immobile
7. diagnosi: sintomi

22B.

1. Non mettono molta enfasi sul giro turistico a Firenze perché la conoscono già abbastanza bene.
2. Carlo scrive la tesi sulla crisi finanziaria del terzo mondo.
3. Secondo Carlo la situazione rappresenta una vera e propria crisi.
4. No, Carlo non ha un'ipotesi per la sua tesi.
5. Carlo chiede a Gianni: - Mi puoi aiutare? -

23A.

1. informazione: notizie
2. soluzione: risposta
3. direzione: a destra
4. fondazione: costruzione
5. stazione: treno
6. celebrazione: festa
7. nazione: paese

23B.

1. Vedono la pubblicità per questa celebrazione alla stazione.
2. Questa festa sarà nella piazza principale.
3. Gianni è così contento perchè è la situazione perfetta per conoscere Bologna.
4. La reazione di Francesca è calma.
5. Alla fine della festa Gianni è in una condizione di maggior calma.

24A.

1. università: professore
2. creatività: invenzione
3. quantità: chili
4. difficoltà: problema
5. necessità: bisogno
6. personalità: attributo
7. elettricità: luce

24B.

1. Francesca dice che Venezia è una città con molta creatività, originalità, ed attività.
2. A Gianni piace la personalità di questa città.
3. Non hanno difficoltà a girare per Venezia.
4. Francesca pensa di vedere una celebrità.
5. Si, Francesca vuole vivere a Venezia un giorno, dice che ci sono molte possibilità lì.

APPENDIX

CD TRACK LISTING

	English suffix	Italian suffix
Track 1 (3:56)	–al	–ale
Track 2 (1:53)	–ance	–anza
Track 3 (2:47)	–ant	–ante
Track 4 (1:57)	–ar	–are
Track 5 (2:32)	–ary	–ario
Track 6 (3:58)	–ble	–bile
Track 7 (2:15)	–ct	–tto
Track 8 (3:10)	–ence	–enza
Track 9 (3:02)	–ent	–ente
Track 10 (2:36)	–gy	–gia
Track 11 (4:02)	–ic	–ico
Track 12 (2:13)	–ical	–ico
Track 13 (1:52)	–id	–ido
Track 14 (2:48)	–ism	–ismo
Track 15 (2:56)	–ist	–ista
Track 16 (3:17)	–ive	–ivo
Track 17 (2:25)	–ment	–mento
Track 18 (3:12)	–or	–ore
Track 19 (1:50)	–ory	–orio
Track 20 (2:44)	–ous	–oso
Track 21 (2:59)	–sion	–sione
Track 22 (2:07)	–sis	–si
Track 23 (4:59)	–tion	–zione
Track 24 (3:45)	–ty	–tà
Track 25 (1:39)	Pronunciation Guide	

ABOUT THE AUTHOR

Tom Means teaches Italian at Rutgers University, New Jersey. He owns and operates a private language school in New York City, the Means Language Center, where he conducts classes in Italian, Spanish, and French for international companies and private clients.

ALSO AVAILABLE FROM HIPPOCRENE BOOKS...

INSTANT SPANISH VOCABULARY BUILDER
CD • 4,000 ENTRIES • 232 PAGES • 6 X 9 • 0-7818-0981-9 • $14.95PB • (481)

INSTANT FRENCH VOCABULARY BUILDER
CD • 4,000 ENTRIES • 216 PAGES • 6 X 9 • 0-7818-0982-7 • $14.95PB • (485)

Instantly add thousands of words to your Spanish or French using word-ending patterns! Many words in Spanish and French are nearly the same as their English counterparts due to their common Latin origin. The only difference is the word ending. For example, you can translate most English words ending in –gy (such as "energy") into Spanish by changing the ending to –gía ("ener-*gía*") and into French by changing the ending to –gie ("ener–*gie*"). Because each of these patterns applies to hundreds of words, by learning them you can increase your vocabulary instantly.

In each book of this unique series, Tom Means describes the most common 23 or 24 word-ending patterns for the target language and provides over 4,000 words that follow them. On the accompanying CD, a native speaker demonstrates correct pronunciation of each chapter's most commonly used words and phrases.

Only language acquisition books that use word-ending patterns

■

Over 4,000 vocabulary words in each book

■

Exercises at end of each chapter

■

Perfect as classroom supplements or for self-study

■

Companion CDs teach pronunciation

ITALIAN INTEREST TITLES FROM HIPPOCRENE BOOKS...

Language Guides

BEGINNER'S ITALIAN

A delightful and instructive invitation to Italy! This introductory guide teaches the structure of the Italian language, covering essential grammar in twelve lessons, along with practice dialogues, vocabulary and expressions, and review exercises. An introduction to the Italian culture, including geography, history, economy, and arts and letters, as well as practical advice for the traveler, completes this self-study course.

192 PAGES • 5½ x 8½ • 0-7818-0839-1 • $14.95PB • (208)

ITALIAN-ENGLISH/ENGLISH-ITALIAN PRACTICAL DICTIONARY

35,000 ENTRIES • 433 PAGES • 5½ x 8½ • 0-7818-0354-3 • $12.95PB • (201)

HIPPOCRENE CHILDREN'S ILLUSTRATED ITALIAN DICTIONARY
English-Italian/Italian-English

- for ages 5 and up
- 500 entries with color pictures
- commonsense pronunciation for each Italian word
- Italian-English index

500 ENTRIES • 94 PAGES • 8½ x 11 • 0-7818-0771-9 • $14.95HC • (355)

MASTERING ADVANCED ITALIAN

278 PAGES • 5½ x 8½ • 0-7818-0333-0 • $14.95PB • (160)
2 CASSETTES: 0-7818-0334-9 • $12.95 • (161)

ITALIAN-ENGLISH/ENGLISH-ITALIAN DICTIONARY & PHRASEBOOK

This concise language guide includes a bilingual dictionary and a phrasebook with useful topics such as greetings, travel and transportation, accommodations, dining out, health, and more. Cultural information and a basic Italian grammar complement the vocabulary and phrases. It is ideal for students or those traveling to Italy.

2,500 ENTRIES • 216 PAGES • 3¾ x 7½ • 0-7818-0812-X • $11.95PB • (137)

SICILIAN-ENGLISH/ENGLISH-SICILIAN DICTIONARY & PHRASEBOOK
The speech of the Sicilian people bears the imprint of the island's remarkable history. Primarily based on Latin and Italian, it contains traces of Greek, Arabic, French, Old Provençal, and Spanish. In addition to a basic grammar, two-way dictionary, and comprehensive phrasebook, this volume includes an introduction to Sicily's history, a guide to major cities and attractions, and a sampling of the island's cuisine.
3,600 ENTRIES • 200 PAGES • 3¾ x 7½ • 0-7818-0984-3 • $11.95PB • (494)

History and Culture

ITALY: AN ILLUSTRATED HISTORY
This concise, illustrated volume covers the full panoply of Italy's history—from Roman times to the twenty-first century, including accounts of major political and social events that shaped the country. Focusing on artistic and cultural accomplishments and the figures behind them, Dante, Verdi, among many others, the work offers background and insight into this fascinating culture.
140 PAGES • 50 B/W PHOTOS/ILLUS./MAPS • 5 x 7 • 0-7818-0819-7 • $14.95HC • (436)

SICILY: AN ILLUSTRATED HISTORY
This history relates how Sicily became one of the first centers of civilization of greater Italy, home to many of the world's most distinguished philosophers, mathematicians, scientists, and artists. The narrative subsequently recounts the region's millennium-long decline at the hands of foreign invaders, its hard-won battle for freedom in 1860 under the leadership of Giuseppe Garibaldi, and its current status as a center of art and tourism.
152 PAGES • 5 x 7 • 50 B/W PHOTOS/ILLUS./MAPS • 0-7818-0909-6 • $12.95PB • (301)

Prices subject to change without prior notice. To purchase Hippocrene Books contact your local bookstore, call (718) 454-2366, or write to: **HIPPOCRENE BOOKS**, 171 Madison Avenue, New York, NY 10016. Please enclose check or money order, adding $5.00 shipping (UPS) for the first book, and $.50 for each additional book.